행복포터 김항중의

365 아침행복편지

봄 여름

행복포터 김항중의

365 아침행복편지

봄 여름

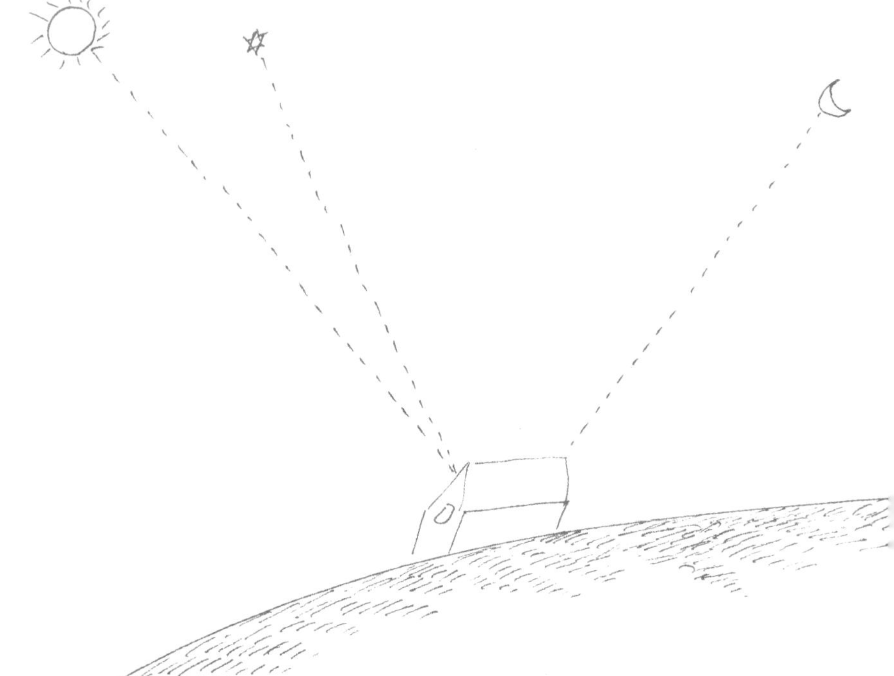

'아침의 행복 편지' 독자 분들께

히말라야의 고산을 등반하는 사람 옆에는 무명의 '포터'들이 있습니다. 포터는 등산객이 가고자하는 목적지까지 무사히 갈 수 있도록 몇날 며칠 20kg이 넘는 무거운 짐을 매일 매일 지고 나릅니다. 이르면 15살 때부터 그런 일을 숙명처럼 묵묵히 수행하지요. 그들의 일상을 보고 있노라면 삶에 대한 숙연함이 절로 느껴집니다.

히말라야에 관한 다큐멘터리 프로그램을 본 이후로 저는 명함에 기재하지 않았지만 속마음으로 이름 앞에 '행복포터'라는 별칭을 붙이고 삽니다. 행복에 유난히 관심이 많은 제가 일상을 살면서 경험하고 느낀 것을 가까운 사람들과 나누고 싶은 마음에서지요. 분명 행복이란 저절로 찾아오는 것이 아니며, 하루아침에 행운처럼 다가오는 것도 아닙니다. 그렇다고 늘 멀리에만 있는 것도 아닙니다. 행복은 오직 우리 자신에게 달려 있습니다.

행복의 길은 구도(求道)의 길만큼이나 다양하고, 인내와 끈기를 필요로 합니다. 비록 그 여정 중에 시련과 역경이 찾아온다 하더라도 '포터'의 역할을 누군가 해 줄 수 있다면 짐을 덜고, 위로와 용기를 얻을 수 있지 않을까요? 그래서 저는 아침 편지를 하루에 한 편씩 정성스럽게 쓰기 시작하였습니다. 눈부신 봄 햇살이 제 편지 위에서 놀다 가고, 여름 소낙비 소리가 동무해 주기도 하고, 가을 단풍과 겨울의 함박눈이 스며들기도 했습니다. 아침 편지를 쓰는 내내 행복했습니다.

'아침의 행복 편지'에는 그동안 긍정심리학을 비롯한 여러 학문들에서 밝혀진 내용들과 선현(先賢)들의 지혜가 담겨 있습니다. 이를 주위분들과 나누어 우리가 덜 고통스럽고 더 행복한 일상을 살았으면 좋겠다는 바람으로 '행복포터'의 역할을 자임했던 것입니다. 아픔과 슬픔 속에서 힘겹게 아침을 맞아야 하는, 제가 직접 만날 수 없는 독자를 한 분씩 떠올리며 기도하는 마음으로 임했던 것이지요.

미디어에서 자주 사용하는 단어 중 하나가 바로 '행복 바이러스'입니다. 행복한 사람 곁에 있으면 자신도 행복해진다는 것인데요. 행복도 감기처럼 전염된다는 의미겠지요. 캘리포니아 대학교 샌디에이고 캠퍼스 연구팀에 따르면 페이스북과 같은 SNS를 통해서도 사람의 감정이 감염된다고 합니다. 긍정적인 글을 게시할 경우, 긍정적인 감정이 다른 사람에게 전달되며, 부정적인 글을 올리면 부정적인 영향을 미친다고 합니다. 그 중에서도 부정적인 글보다는 긍정적인 글의 전염성이 강하게 나타난다는 점이 참 흥미롭습니다. 이에 착안하여 지난 3년간 아침마다 지인들에게 카톡과 페이스북으로 전송했던 편지들을 이 책에 모았습니다.

행복은 선택이고 결심이며 실천입니다. 우리가 일상에서 실행하는 다이어트나 근육 만들기와 같이 행복도 연습을 하면 처음에는 잘 표시가 나지 않지만 지속적으로 끈기 있게 습관화 하면 얻을 수 있다고 확신합니다.

이 책이 발간되는데 기꺼이 도움을 주신 김억중 교수님(표지 삽화, 제호), 정건희 님과 양신화 님 그리고 이규원 님(사진), 책 제목 등에 관해 수시로 아이디어를 주신 분들께 깊은 감사의 마음을 전합니다. 또한 교정부터 출판까지 세심한 노력을 기울여주신 김광남 시인님과 안현심 시인님께 감사의 말씀을 드립니다.

이 책을 통해 여러 독자 분들께서 더욱 더 행복한 삶을 살아가시기를 기원합니다.

'행복포터' 김항중 드림

아침행복편지

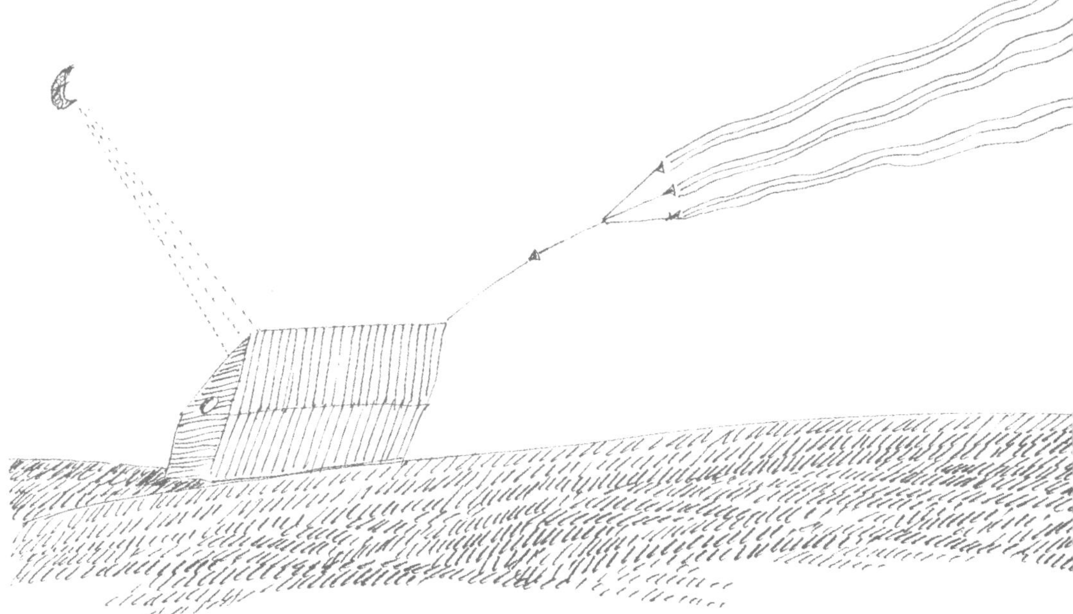

멋진 한해

근하신년(謹賀新年) 새해 행복 가득하세요.

저는 새해를 맞아 한 살 더 나이를 먹었습니다. 아직도 제 마음은 청춘이지만 흰머리와 얼굴 주름살, 불룩한 배에 돋보기 넘어 눈살을 마주해야 하는 모습에 서 이제 중년을 속일 수가 없습니다. 가끔 주위에서 듣는 부고(訃告)도 점점 더 오랫동안 기억되고 그 반향도 꽤 오래 갑니다. 몇 해 전 한 해가 저물어갈 때 쯤 TV 방송에서 접한 웃음 전도사 역할로 유명했던 황수관 박사님 별세 소식으로 인생무상을 다시금 절감 한 때도 있었습니다.

어려서부터 어른들께서 '나이 값' 을 좀 하라는 말씀을 많이 들었습니다. 우리 모두 올 한해 멋지게, 여한 없이, 성숙한 모습으로 '나이 값' 하는 한 해를 만들어 더 사람다운 사람으로 다가갔으면 좋겠습니다.

새해 벽두 누구나 행복한 삶을 살겠다고 다짐하기 마련인데, 멋지게 나이 들어가는 사람들에게 발견되는 공통된 삶의 특성들을 소개해 봅니다. 우리 자신도 올 한해 이런 모습으로 살아가겠다는 마음가짐을 가지심이 어떨지요?

"활기차고 활동적이며 인생을 적극적으로 산다.
모든 일에 흥미를 느끼는 유쾌한 사람이며,

육체적, 정신적으로 더 건강한 삶을 즐기고,
너그러움과 융통성이 있으며, 매력이 넘치며 더 창조적이고,
더 활발하고 만족스러운 인간관계를 맺으며,
남들이 보기에는 감흥이 없는 것일지라도 마치 아이처럼 경탄하고,
즐기고, 놀라고, 흥분하며 인생의 소박한 것들에서 의미를 찾는 것이다."

— 도티 빌링턴, 「멋지게 나이드는 법 46」에서

새로 맞는 한해, 행복을 가득 지으시길 빕니다.

아침의 행복 편지 2 행복, Now & Here

새해 첫날 어떻게 지내셨는지요? 어떤 분들은 온 세상이 눈으로 덮인 풍경으로 첫날을 맞이해서 행복하다는 분도 있고, 어떤 분들은 비록 날씨 때문에 붉게 떠오르는 태양을 볼 수 없어 아쉬웠지만 추위를 뚫고 산 정상에 오른 기쁨만으로도 흡족해한 분들도 있고, 오랜 만에 가족들과 단란하게 지방으로, 해외로 여행을 떠나거나 댁에서 즐거운 시간을 보내 만족해한 분들도 있었을 것입니다. 아마 새해 첫날을 지내면서 누구나 올 한해 잘 지내고 싶은 소망을 새기고, 나름 한두 가지 자신의 변화를 위한 다짐들도 하시지 않았을까요?

새로운 일상을 살아가는 열쇠는 매일 매일 새로 다시 시작하는 것입니다. 어떻게 보면 1월 1일도 늘 우리가 보낸 24시간이었지만 새해 첫날 새로 다시 시작하는 첫 출발이었기 때문에 경건함도 생기고 긴장감도 느끼게 되었을 것입니다. 비록 시간이 흐르면서 소망이 퇴색되고, 다짐이 흐지부지 된다하더라도 우리는 매일 매일 진정 새롭게 살아갈 수 있습니다.

아마도 누구나 며칠 지나면 익숙한 과거의 습관으로 되돌아가기 십상일 겁니다. 그때마다 좌절하여 과거 모습 그대로 머무르지 않고 분연히 용기를 내어 다시 시작하는 것이 중요합니다. “새롭게 살아가지 못하도록 나를 가로 막는 것이 무엇인가?” 되물어보면서 말입니다.

새로운 물줄기가 샘솟지 않는 샘물은 곧 더럽고 불쾌해집니다.

아침의 행복 편지 3 깊은 유대감

건강하고 장수하는 사람들의 공통적인 특징 중에 하나는 누군가와의 깊은 유대감과 함께 상호 교류를 하고 있다는 점입니다. 가까운 사람들과의 지속적인 교류는 일상생활 적응에 긴요한 정보를 주고받는 것 이상으로 한쪽에서 고통, 상실 경험과 같은 어려운 시기를 보낼 때 든든한 지원을 해주기 때문입니다.

사회적 지원은 친구나 가까운 사람이 힘들고 어려울 때 속 깊은 이야기를 경청을 해주거나 안심시켜주고 해결 방법을 찾도록 도와주거나 문제에 대한 관점을 바꿀 수 있도록 도와주는 기능을 합니다. 경우에 따라서는 상대가 정말 필요한 일을 기꺼이 친절하게 따뜻한 마음으로 도와주는 일일 수도 있습니다.

우리 모두는 누구나 크고 작은 어려움을 겪게 마련입니다. 사회적 유대감은 우리가 힘겨운 시기에 있을 때 다시 일어설 수 있는 용기와 힘을 주는 없어서는 안 될 중요한 심리적 자산입니다.

오늘은 특별히 친하면서도 바쁘다는 핑계로 그동안 뜸했던 친구, 친지들에게 긍정적인 감정을 선물하는 날로 만들면 좋겠습니다. 그러면 행복감이 증진되는 자신을 발견하게 될 것이고, 그 덕분에 당신은 그와의 관계가 더 돈독해질 것이며 그럼으로써 더욱 행복해지는 선순환을 경험 할 것입니다. 오늘 사회적 유대감을 이어주는 고마운 통신사 매출 좀 올려주시지요?!

아침의 행복 편지 4

'관계'의 교육

며칠 전 초등학교 선생님들을 만나서 학교 현장에서 일어나는 이야기를 생생하게 전해 들었습니다. 학생들은 초등학교 때부터 남보다 뛰어난 성적을 얻어 유명 상급학교 진학이 최우선인지라 학생들 간 '상호협력'이라는 덕목은 이미 사라진지 오래되었고, 선생님들도 학교 간 학업성취도 등 경쟁분위기로 업무 스트레스가 많아진 데다가, 승진 및 교원 평가 등으로 교사들 간 팀웍이나 인간적인 교류는 뜸해졌을 뿐 아니라 학교 내 세대 간 차이도 점점 커져가고 있다는 것입니다. 짧은 지면이라 속속들이 그 밖의 사정들을 다 소개하기는 어렵습니다만 우리 교육에 대해 다함께 진지한 성찰이 필요한 게 아닌가 생각이 듭니다.

분명한 것은 아이들이 뛰어난 능력을 소유하고 똑똑하게 성장하는 것도 중요하지만 눈에 보이지 않는 '사회성'과 '영혼' '영성' 적인 부분에 대해 어려서부터 교육이 시작되어야 한다는 것입니다. 가정과 학교에서 어려서부터 아이들이 좋은 인성, 건강한 성격, 훌륭한 성품을 갖추며 성장하도록 부모님이나 학교의 선생님들 모두 지속적으로 관심을 가져야겠다는 것이지요. 한 사람 한 사람 경쟁에서의 승리와 탁월한 성취와 더불어 '나 자신과 자연' '나 자신과 이웃' '나 자신과 사회' '나 자신과 인류' 등 '관계'에 대해 깊이 생각하는 습관들이 길러지는 것이 좋겠지요. 너무 세상이 개인적이다 못해 이기적이 되어가고 있고 사회분위기가 점점 더 각박해지고 삭막해져 가는 것도 다 그런 연유가 아닐까요?

우리는 가끔 영적인 경험을 하는 인간 존재가 아닙니다. 반대로 우리는 가끔씩 인간의 경험을 하는 영적인 존재입니다. 부모님들은 우리 아이들이 이 땅에 태어난 나름의 이유가 무엇인지, 아이 나름 키워갈 소명(召命, Calling)이 무엇인지 스스로 답을 찾을 수 있도록 도와야 합니다. 또 아이들이 일상에서 만나는 모든 사람을 어떻게 도울 수 있을지 고민하고 실천하도록 관심을 가져야 하지 않을까요? 만약 내 아이가 남에게 지거나 손해 보면 안 되고, 내 아이만 잘되면 그만이라는 생각을 한다면, 개인적으로 성공일 수 있지만, 다함께 살아가는 세상으로 보면 그 폐해는 언젠가 고스란히 우리에게 되돌아 올 것입니다.

아침의 행복 편지 5 자녀를 잃은 부모님 마음

저에게는 외동딸이 있습니다. 지난해 늦가을 너무도 맑은 날, 딸아이의 친한 친구가 22살 꽃다운 나이를 뒤로 한 채 세상을 떠났습니다. 저는 그 친구의 환했던 표정이 자주 떠오르고, 그 친구 역시 외동딸이었는데 떠나보낸 부모님의 심정이 어떨까하는 마음으로 한동안 마음이 아팠습니다.

그저께 그 친구의 어머님께서 제 딸에게 전화를 주셨답니다. 장례를 치른 후 마음을 추스르시고 제 딸을 보시겠다는 약속의 전화였지요. 딸아이가 전해주는 어머님의 말씀을 들으며 저와 딸은 한참을 함께 울었습니다. 그 어머님은 언젠가 '배우자를 잃으면 과거를 잃는 것이고, 자녀를 잃으면 미래를 잃는 것' 이라는 주변 얘기를 들으셨다는데 막상 딸을 저 세상에 보내고 난후 그 말이 무엇을 의미하는지 가슴 절절하게 느껴지신다며 딸아이와 지냈던 훈훈한 기억과 어머니로서 미안하고 후회되는 이야기들을 진솔하게 전해주셨습니다.

어린 나이에 자녀를 저 세상으로 보낸 부모님들은 하나같이 더 많은 시간을 함께 보낼 걸, 자녀가 원했던 것을 좀 더 들어줄걸 하는 마음을 토로하십니다. 가족을 잃고 나서야 비로소 삶에 대한 관점이 달라지는 경우가 많습니다. 어른들이 추구하는 돈도, 성공과 출세를 위해 하는 일도, 자녀들의 탁월한 성적이 죽음 앞에서는 소중한 가족을 대신 할 수 없습니다.

매일 식구들과 함께 아침 식사를 하고 나누는 이야기들! 이런 일상들마저 누구도 내일 계속 되리라는 확신을 할 수 없습니다. 우리가 맞는 매 순간이 어쩌면 생을 마감하기 직전의 순간일 수도 있습니다.

훗날 우리 자녀들이 부모와 함께 지냈던 시간을 애정 어리게 회상하며 그리워할 수 있도록 부모님들께서 자녀들과 많은 시간을 보내시면 좋겠습니다. 아이들과 무엇인가를 하시면서 말입니다.

아침의 행복 편지 6

근심과 걱정

걱정 : 어떤 일이 잘못될까 불안해하며 속을 태움.
근심 : 해결되지 않은 일 때문에 속을 태우거나 우울해 함. 또는 그러한 마음.

근심걱정 없이 살 수만 있다면 얼마나 좋을까요? 하지만 살면서 걱정거리가 없을 수는 없습니다. 그러나 많은 사람들이 일어나지도 않을 일들을 걱정하느라 시간을 낭비하고 있습니다. 사실 걱정한다고 문제가 해결되거나 좋아지지는 않습니다. 실제 고통을 주는 일이 생기지 않아도 '혹시 그런 일이 벌어지지 않을까' 생각하는 것만으로도 불안해지고 스트레스 반응이 일어납니다. 불안은 아직 일어나지 않는 일을 미리 사서 고생하는 것입니다.

걱정을 한다는 것은 어려운 상황에서 벗어날 방법을 모색하기 위해 우리의 인지능력을 이용하는 것이 아니라 우리를 위협할 가능성이 있는 것들을 단순히 곱씹어보는 것이 대부분입니다. 걱정은 해야만 하는 것이 아니라 공연히 에너지만 낭비하는 것이지요.

그래서 걱정 근심은 줄이거나 없애야 합니다. 걱정하는 대신 우선 할 수 있는 일에 당장 착수하는 방법, '괜찮아, 괜찮아'를 속으로 되뇌이는 방법, '이 또한 지나가리라'라고 마음속으로 주문을 외우는 방법, 하루에 한 가지만 걱정하는 방법, 걱정이 떠오를 때마다 의식적으로 '그냥 내버려두자'라고 자신에게 말하는 방법, 하루에 일정한 시간을 정해 그 시간 동안에만 걱정하기 방법 등 자신만의 걱정 줄이기 방법을 찾아 습관화할 필요가 있습니다.

걱정은 소중한 삶을 무의미하게 낭비하는 것이며, 즐겁고 만족스러운 생활의 장애물이자 독소입니다. 오늘은 걱정을 내려놓으시고 행복을 나름 만들어 보시지요.

아침의 행복 편지 7 호기심

호기심(好奇心) : 새롭거나 신기한 것에 끌리는 마음.
처음 본 무엇, 처음 들은 무언가에 느끼는 흥미

주변에 가까운 사람들 중에 호기심이 유독 많은 사람을 떠올려 보십시오. 혹시 보시기에 호기심 많은 사람들이 다른 사람들보다 행복해 보이지 않나요? 그분들에게서 보통 사람들보다 관찰되는 에너지 수준(활기와 끈기)이 다르지 않던가요? 열정에 있어서도 다른 분들보다 정력적이지 않나요?

호기심은 이 세상의 발전과 변화의 시발점입니다. 수많은 대상에 대한 다양한 호기심들 덕분에 연구와 실험이 이루어지고 많은 이론과 책들이 출간되고, 유용한 발명품들이 탄생됩니다. 개개인은 호기심으로 특정 취미에 전문가, 마니아가 되기도 합니다. 칠순 팔순이 되어서도 상기된 모습으로 무언가를 열심히 하는 분들을 보면 공통적으로 호기심이 많은 분들입니다. 배움과 탐구에 대한 열정!

아마존의 인디오들은 호기심은 '아이들의 특권'이 아니라 '모든 사람들의 특권'이라고 믿고, 성인들도 언제든 어디서든 '호기심 많은 아이'가 되라고 권합니다. 그런 사람이 늘 행복하게 즐거운 나날을 보낼 수 있기 때문입니다.

우리를 더욱 즐겁게, 생활을 발전시키는, 도전을 가능하게 하는 호기심!!!

당신의 호기심은 어떻습니까? 점점 약해지지는 않으신지요? 오늘부터 '호기심 많은 아이'가 되어보시지요. 카메라든 요리든 사랑이든 봉사든… 무엇이든.

얼마나 행복한지는 얼마나 자신이 기꺼이 행복해지려고 노력하는지에 달려있습니다. 호기심도 내 마음에서 어떻게 클릭하느냐에 달려있습니다.

아침의 행복 편지 8 가족관계

“만일 어떤 사람이 자기 친척, 특히 자기 가족을 돌보지 않는다면 그는 벌써 믿음을 버린 사람이고 비신자보다도 못한 사람입니다.”

(디모테오1서 5:8)

균열 : (사전적 정의) ① 개인 혹은 집단 간의 어떤 관계나 구조에 틈이 생긴 것이나 그 틈을 비유적으로 이르는 말 ② 틈이 생기게 되다
(지질학적 정의) 가해진 힘이나 압력 때문에 금 혹은 둘 이상의 조각들로 쪼개지는 것
(심리사회적 정의) 이별을 야기하는 관계의 단절

인생에서 가장 가까워야 할 가족 –부부와 부모자녀, 형제자매– 간에 소원해져 거의 정서적 교류가 없다면 그 관계는 균열이 생긴, 즉 금이 간 바위와 같다고 말할 수 있습니다. 가족들은 일상의 지난 순간순간 함께 했던 추억을 쌓아가고 동시에 상대방과의 관계들에 다양한 감정의 색채를 입히게 됩니다.

가족관계가 어떠냐가 개개인의 행복감에 미치는 영향은 실로 큽니다. 당신의 가족관계는 어떠십니까? 제일 먼저 떠오르는 분은 누구입니까? 내가 성장해왔던 나의 원가족 관계도 되돌아보시고, 성인이 되어 내가 이룬 가족관계도 살펴보십시오.

가족 간의 불화나 끊어진 연은 평생을 이고 살아야하는 슬픔이자 영혼을 짓누르는 불안의 원천입니다. 단 한 명이라도 관계가 망가지면

나머지 가족들 간의 관계가 아무리 따스하고 좋아도 슬픔과 불안은 떨쳐지지 않습니다.

관계가 소원해지는 데는 여러가지 원인이 있습니다. 그런 관계가 오래되면 될수록 소통을 하지 않게 되고 회복이 점점 어려워집니다. 중요한 것은 왜 그렇게 돼버렸는지 정확히 알 수 없지만 잘 생각해보면 짐작이 가는 일은 있게 마련입니다. 현자들은 '균열 방지'를 위한 방법들로 균열의 조짐을 초기에 파악하고 진정시킬 것과 균열이 생기면 즉각 조치를 취하라고 권합니다.

어떤 가족이든 균열은 일어 날 수 있습니다. 쪼개진 바위는 다시 붙지 않습니다. 관계에 틈이 생긴 직후 바로 마음을 열고 솔직한 대화를 나누는 용기가 필요합니다. 가급적 분노가 커지게 전에 짐작이 가는 일에 대해서 빨리 행동을 취하는 게 좋습니다.

명절, 애경사는 가족 간의 틈새를 메꿀 수 있는 절호의 기회입니다. 이제 곧 명절이 다가옵니다. 명절은 가족 간의 관계를 회복하는데 초대된 시간이기도 합니다. 균열이 생기기 시작한 지점들을 돌이켜 볼 수 있는 절호의 기회입니다. 명절을 준비하면서 가족관계에 대해서도 되돌아보고 엉킨 실타래를 풀어가는 마음의 준비도 함께하면 좋겠습니다.

아침의 행복 편지 9 청소년기 자녀

어제는 부부동반으로 두 가족이 만나는 저녁 모임에 솔로 옵서버(?)로 참석하게 되었습니다. 그런데 어른들 모임에 상대편 부부는 예비대학생 따님을 데리고 나와 저로서는 남다른 기쁨을 누렸답니다.

아버지학교와 어머니학교에서 만난 많은 부모님들이 청소년기 자녀들과의 관계에서 겪는 갈등으로 힘들어하는 모습을 많이 보아왔기 때문에 어제 만난 가족은 예사롭게 보이지 않았습니다. 어른들 모임에 청소년들이 부모님과 동행하는 것은 그리 흔하지 않은 모습이기에 더더욱 그러했습니다.

청소년기 아이들은 기본적으로 부모님과 느끼는 세대차(?) 때문에도, 서로 다른 관심과 경험 때문에도, 특히 간섭받기 싫어하는 이유 때문에 부모님과 함께하는 것을 꺼려하는 것이 일반적입니다. 평소 소통이 잘 되는 부모-자녀 관계가 아니면 청소년들은 가족 동반 모임이나 행사에 참여하지 않습니다. 오래 전부터 예식장에서, 제사에서 공부와 시험이라는 핑계로 청소년 자녀를 동반하는 부모들 보는 경우가 매우 드물게 되었습니다. 심지어는 명절까지 말입니다.

그 공부가 무엇을 위한 공부인지 의문을 가져봅니다. 우리는 어려서부터 애경사나 어른들 모임을 통해 친밀한 인간관계라는 것이 무엇인지, 사람들이 살면서 겪는 희노애락이 무엇인지, 서로 의지하고 소통하는 방법이 무엇인지, 사람의 도리가 무엇인지 문헌에서는 경험할 수 없는 것을 직접 느끼며 배울 수 있습니다. 옛날처럼 씨족이 함께 모여 살던 때야 삶 자체가 자연스런 교육의 장이었지만 지금은 핵가족으로 어울려 지내는 것을 직접 경험하지 않고는 배우기 어렵기 때문입니다.

여기서 분명한 것은 그런 모임이 산교육의 장이라도 부모-자녀관계가 좋지 않으면 부모가 일방적으로 자녀를 동반하기 어렵다는 것이지요. 당신은 부모로서, 자녀로서 어떠신가요? 기꺼이 함께 하는 사이이신가요? 어울려 사는 지혜! 만나는 기쁨! 행복에서 빼 놓을 수 없는 요소입니다.

아침의 행복 편지 10 히말라야 마음

우리가 히말라야 산처럼 조금도 움직이지 않고 확고부동한 위엄을 지니고 살아갈 수 있다면 얼마나 좋을까요? 산을 강타하는 바람이 아무리 거세고, 산 정상을 휘감은 먹구름이 두터울지라도, 폭설이 내리고 굉음을 내며 쏟아져 내리는 눈사태가 있을지라도, 맑은 빛 하늘을 머금은 채 따스한 햇빛이 내리비칠지라도, 높은 산은 '늘' 온전히 자연스럽고 편안합니다.

우리 마음도 우리 생각도 우리 행동도 '한결같게' '처음처럼' '한마음'으로 살아갈 수 있다면 얼마 좋을까요? 그리 살기가 쉽지 않은 일이기에 매일, 순간순간마다 수행이 필요한 것이겠지요. 삶과 죽음에 대해서도 생각해보고, 내가 어디를 향해서 무엇을 하고 있는가도 들여다보고, 하느님과 부처님의 가르침을 일상에 어떻게 실행해볼 것인가도 고민해보고….

우리가 처음 세상에 태어났을 때 우리는 누구나 무력한 존재였습니다. 그때 따뜻한 보살핌을 받지 못했더라면 지금처럼 살아남지 못했을 것입니다. 죽어가는 사람들을 보십시오. 죽어가는 사람들 역시 자신을 돌볼 수 없는 무력한 존재가 다시 되어 대부분 고통과 불안 속에서 죽음을 맞이합니다.

산처럼 흔들리지 않는 나의 마음과 자세를 지탱해주는 것이 과연 무엇입니까?

아침의 행복 편지 11 부탄의 행복

"대부분의 나라가 경제 발전을 위해 전통문화, 정체성, 영성의 가치를 희생해야 했다. 우리는 비록 늦게 출발했지만, 인간의 기본 가치를 잃지 말자는 의식이 분명하다. 이런 우리의 성장철학이 자랑스럽다. 많은 선진국을 돌아보며 '외로움'을 읽는다. 외로움은 부탄에서는 드문 일이다. 잘 살아도 슬플 때 기댈 어깨가 없고, 함께 큰 소리로 웃을 수 있는 이가 없다면 행복할까?"

– 지그메 틴레이 부탄 총리

인구는 70만 명에 못 미치고, 1인당 국민소득 2,121달러, 티베트 자치구와 인도에 끼인 초미니 국가 부탄의 총리가 방한 중에 한 말입니다. 대부분의 나라들은 국민총생산(GDP) 중심 성장모델로 채택하여 불행이라는 빚을 후세에 남기지만, 부탄은 GDP를 GNH(국민총행복)로 대체한 새로운 발전모델을 채택하여 세계인의 주목을 받고 있습니다.

"당신은 행복합니까?" 성장과 행복의 균형을 이루려는 작은 도전은 비단 한 국가에만 해당되는 것이 아니라 각자 자신의 일상에도 진지하게 고민해보아야 할 화두입니다. 앞을 향해 고단하게 살면서 내 자신의 정체성, 영성의 가치를 잊고 지내지 않았는지? 우리 조상들로부터 대대로 전해 내려오던 삶의 지혜들에 소홀하지 않았는지?

아침의 행복 편지 12 행복한 결혼

결혼이 개인의 행복도에 어떤 영향을 미칠까요? 결혼이 행복을 상승시켜주는 효과는 평균 2년 정도 밖에 지속되지 않았다는 연구가 있습니다. 그렇지만 어떤 사람은 결혼해서 초기에 행복 수준이 더 많이 상승했고 10년 후에도 여전히 독신 때보다 만족한 결혼생활로 행복해 하는 사람이 있는가 하면, 어떤 사람은 결혼하고 2년이 지나는 동안 오히려 전보다 덜 행복해졌으며 8년 뒤에는 행복도가 더 떨어진 사람도 있습니다. 이들에게는 어떤 차이점이 있을까요?

결혼에는 대부분 상대 배우자에 대한 기대가 있게 마련입니다. 결혼 후 행복 수준이 점점 떨어진 사람들에게 발견되는 특징은 상대방과 결혼생활이 자신의 이상적인 기대치에 미치지 못한다는 사실에 실망하며 점차 관계가 천천히 그리고 지속적으로 악화된다는 점입니다.

반면에 결혼 후 지속적으로 행복을 느끼는 사람들은 적극적으로 서로를 향한 사랑과 애정을 보존하는 행동을 보임으로써 결혼 생활에 무덤덤해지지 않으려고 노력해왔다는 것입니다. 상대방에게 '사랑해' 라고 말하고 솔선해서 여행과 취미생활을 추천하고 상대방의 감정과 성공에 관심을 가지려 의식적으로 노력했다는 점에서 큰 차이를 보입니다.

기억나십니까? 몇 년의 결혼생활 후 전셋집에서 자기명의 집으로 처음 이사했던 때를 상상해 보십시오. 몇 년 전보다 더 좋은 환경의 집으로 이사해서 너무 좋아했던 초기를 상상해 보십시오. 지금도 여전히 만족해하십니까? 아마도 대부분은 처음에는 만족해했지만 점점 익숙해지면서 그 만족도나 설렘도 사그라졌을 것입니다.

만약 매일 아침 일어나서 이사한 내 집과 주위의 환경을 만끽하며 감사한 마음을 잊지 않는다면 지금보다 행복수준이 높아지지 않았을까요? 연애도 결혼생활도 마찬가지입니다. 초기의 열정과 설렘은 시간이 갈수록 사그라들겠지만 그 사랑을 키워가는 몫은 상대를 사랑하겠다는 결심과 의지에 달렸으며, 상대방의 긍정적인 면을 보고 관심과 지지, 사랑한다는 표현을 자주 해야 그 관계가 돈독하고 서로의 행복 수준도 높아지지 않을까요? 행동 없는 행복은 있을 수 없습니다.

상대에 대한 '기대' 대신에 상대를 위한 '기도' 하는 마음으로!
오늘도 행복을 키우는 소중한 하루 만드시면 좋겠습니다.

아침의 행복 편지 13 힐링 푸드

며칠 간 '힐링 푸드' 연수에 참여할 기회가 생겨 많은 것을 보고 느끼고 있습니다. 이번 연수가 저에게는 식생활과 건강에 대한 체계적인 이해, 잘못된 상식의 교정, 간편한 힐링 푸드 조리법 숙지 등으로 매우 유익한 시간이 되고 있습니다.

알게 모르게 섭취하는 중독식품들(식품 첨가물, 환경호르몬 등), 친환경 또는 유기농 식자재 중요성, 균형 잡힌 영양식 식단과 조리법, 필수 영양소와 질병 등에 관한 다양하고 실질적인 정보를 접할 수 있었지요.

날로 늘어나는 평균수명과 기대수명과는 달리 우리는 운동 부족, 잘못된 식습관, 과도한 스트레스, 환경오염 등에 노출되어 각종 병에 걸리기 훨씬 쉬운 시대를 살고 있습니다. 저는 요즈음 들어 많은 것을 알면 알수록 옛날이 참 좋았다는 생각, 옛 조상들께서 참 지혜로웠음에 감탄을 하곤 합니다. 그렇다고 우리가 옛날 환경으로 돌아갈 수 없는 지경이니 그 지혜를 잘 깨우쳐 실천하는 수밖에 없는 것이겠지요.

'담배를 피우는 것은 백해무익' '과음 과식 유해' '건강에 칼라푸드 섭취 중요' '운동이 질병예방에 필수' '일 못지않게 가정 중요' 등 누구나 다 아는 사실입니다. 그런데 개인마다 아는 것과 행하는 것에는 큰 차이를 보이지요. 보통 말은 하기 쉬우나 행동은 하기 어렵고 나중에 말을 진실로 하는지는 잘 살펴보아야 합니다. 진실로 안다는 것!

참으로 진실로 아는 것이라면 마땅히 知行一致(지행일치), 知行合一(지행합일)이 되어야 하겠지요? 일상에서 '아는 것을 행한다'는 것이 얼마나 어려운지 알지만 오늘도 다시금 다짐해봅니다. '오늘 가장 먼저 행해야 할 것이 무엇인지 생각해보고 실천하자' '실패해도 다시금 시작하자'고.

오늘도 행복감 증진을 위해 평소 행하지 못한 바를 실천에 옮기는 용기를 내보심이 어떨지요? 오늘도 참 쌀쌀한 날씨입니다. 건강에 유의하시길 빕니다.

아침의 행복 편지 14 인연

주말을 이용해 1박 2일 동안 대학원에서 상담공부를 하는 학생들과 집단상담 겸 친교의 목적으로 유익한 시간을 보내고 왔습니다. 일단 일상과 도심을 벗어나 자연을 벗 삼는 것도 좋았고, 학교에서만 보던 수강생들, 동료 선생님들과도 서로가 많은 이야기를 주고받고, 함께 맛있는 식사하는 것도 백미였습니다.

참가한 학생 한 분의 이야기를 전하고 싶네요. 마흔 나이 직전 대학원에 들어와 다시 공부를 시작한 연유입니다. 어느 날 초등학교 다니는 자녀가 학교에서 가져온 통신문에 평생학습관에서 개최하는 '행복한 아버지학교' (야간 매주 2시간, 총 4회) 안내를 보게 되었답니다.

그 분은 좋은 아빠가 되려고 평소 생각은 하고 있었지만 방법에 대해서 서툴다고 느꼈던 터였고, 아이들에게도 좋은 아빠가 되기 위해 노력하는 모습도 보여줄 겸 등록하여 수료하게 되었지요. 그런데 그 강좌를 들으며 여러 곳에서 뒤통수를 맞은 듯 삶의 발자취를 되돌아보게 되었고 인생을 다시 살아야겠다는 다짐을 하게 되었다는 것입니다.

4주 8시간 동안 짧았지만 바쁘게 산다는 것이 무슨 의미인지? 나의 행복지수는 몇 점이고 왜 그런가? 가족들에게 알면서도 행하지 못하고 있는 것들이 왜 문제이고 어떻게 해야 하는지? 숱한 자문을 해보게 되었고, 해답을 찾기 위해 심화된 프로그램인 1박 2일 '아부지학교' 도

'잘 사는 것과 아름답게 사는 것,
그리고 의롭게 사는 것은 모두 매한가지'
(Living well and beautifully and justly are all one thing)
— 소크라테스

지나온 길, 지금 가는 길, 미지의 길!
잘, 아름답게, 의롭게 가고 있는가? 자문해 본다.

입교하고, 잃었던 신앙도 되찾고 급기야 교도소 재소자를 위한 아버지학교 등 봉사자로 활동하고 있답니다. 그러던 중 더 체계적이고 전문적인 공부를 해 더 좋은 가장, 아빠, 직장 동료 선후배, 봉사자, 상담자가 되고 싶어 대학원에 진학하였다는 것이었습니다.

만약 그분이 통신문을 무심하게 보았더라면, 아버지학교 초대에 응하지 않았더라면 분명 오늘과는 전혀 다른 일상을 살고 계시겠지요. 그분과는 참 좋은 인연이었습니다. 열심히 살며 가족과 이웃에게 유익한 삶을 살고자 노력하는 멋진 중년의 삶을 엿보는 것이 흐뭇했습니다.

우리는 각자 인생의 전기가 될 수 있는 숱한 계기(초대)를 맞이합니다. 자칫 그런 기회 놓치기 쉽다는 점, 적극적으로 수용하는 열린 마음, 아는 것을 행하려는 노력, 지금보다 더 뜻 깊은 삶을 살고자하는 다짐….

매일 매일 우리가 찾고, 응답하고 다짐하며 살아야 할 것들이 아닌가 생각해 봅니다. 오늘도 좋은 인연으로 행복 가득한 삶 가꾸어 가시기 바랍니다.

아침의 행복 편지 15 도시 생활

2008년을 기점으로 전 세계의 인구 중 절반이 크고 작은 도시에 살고 있다고 합니다. 행복을 찾아 도시로 이주한 사람들은 과연 원하던 것을 얻었을까요? 제 경우는 부모님이 농촌을 떠나 도시에 정착하면서 자연스럽게 출생부터 지금까지 도시생활을 하고 있습니다.

중소도시와 대도시, 한적한 시골 중 어디에 사는 사람이 더 행복할까요? 화려하고 발전된 도시일수록 여러모로 풍부한 기회를 제공하고 있지만 과연 행복한 인생을 가져다줄까요?

한 예로 대도시에는 많은 공연장이 있어 매일 영화, 연극, 전시회, 음악회, 뮤지컬 등 관람 기회가 제공되고 있습니다. 하지만 자주 가는 관객은 매우 한정되어 있겠지요. 서울의 경우 대부분 시간 내기 어렵거나 관람료가 부담되거나 거리상 접근성이 떨어져 한번 가려면 큰맘 먹어야 할지도 모르겠습니다. 오히려 중소도시가 상대적으로 기회는 적지만 문화적으로 더 풍요로운 생활이 가능할지도 모르겠습니다. 단, 여기서 우리 사회가 점점 심해지는 양극화로 특정 소수만이 다양한 서비스를 누리고 대부분 주변인으로 산다는 것은 논외로 하지요.

도시생활을 행복한 삶으로 잘 꾸려가려면 개인적 노력은 필수적으로 보입니다. 주어진 문화적 자원을 각자의 생활에 적극적으로 활용하는 것이지요. 가능하면 전시회와 공연도 자주 관람하고, 여행도 종종하고, 이웃과의 커뮤니티 형성으로 온라인 오프라인 모임에도 나가고,

가족들과 가까운 유원지도 다녀오고 산책도 하고, 여러 사람들과 어울려 무언가를 배우고, 가끔은 주말에 친한 사람들을 집에 초대해 술을 곁들인 파티도 하고, 하우스 콘서트도 하고….

어느 곳에 사느냐가 중요한 것이 아니겠지요. 지금 당신이 사는 곳이 어디든! 그 곳이 갖춘 자원, 서비스의 질과 양보다는 당신의 얼마큼 그 기회를 이용하느냐에 따라 삶의 질은 달라질 것입니다. 역시 행동력이 필요합니다. 소박하게 나름껏 즐기고 누리는 문화생활! 오늘 당신이 찾아 나설 용기와 실천력이 필요한 것 아닐까요?

아침의 행복 편지 16

선택과 만족

철수는 결정을 내리기 전에 선택 가능한 모든 것을 모조리 점검하며 선택의 폭을 극대화합니다. 옷을 살 때도 인터넷 서핑과 매장을 많이 돌아다니며 10벌 이상 갈아입곤 합니다. 반면에 영희는 무엇을 살 때 이 정도면 더 알아볼 필요가 없겠다는 선에서 대체로 만족하는 사람입니다.

철수와 비슷한 사람들은 대체로 선택에 더 많은 노력을 기울여서 스스로 최고의 선택으로 여기는 지점에 이를 수 있으나, 그러한 선택이 그들을 행복하게는 만들지 못합니다. 이를 테면 그들은 훨씬 더 유명한 대학에 진학하거나 더 높은 연봉의 직장으로 옮길 수 있으나 그곳에서도 결코 만족하지 못합니다. 자신이 잘못된 선택을 내렸을 때 왜 다른 선택을 알아보지 못했는지 후회하며 자신을 괴롭히는 '자아비판자' 가 됩니다. 속으로 "~했어야 했는데" "~했을 텐데" "~할 수 있었는데" 되뇌면서 말입니다.

반대로 영희와 유사한 사람들은 "이 정도면 내가 할 수 있는 최선의 선택' 이라고 생각하고 자신의 실수에도 훨씬 관대한 편입니다. 이들은 자신의 완벽한 선택은 있을 수 없으며, 세상도 완벽하지 않다고 믿기 때문에 괴로워하지 않습니다.

실제 조사에 의하면 철수는 영희에 비해 덜 행복하고 덜 긍정적이며, 우울해 하는 경향이 강한 것으로 나타났습니다. 마음의 평화와 만족스런 삶을 원한다면 영희가 되는 것이 좋습니다.

심리학자 베리 슈워츠는 철수를 '극대화자', 영희를 '만족자'로 칭하고, 지나치게 많은 선택이 인간의 행복에 악영향을 미친다고 설파했습니다. 그는 '만족'이 현대를 사는 가장 좋은 전략임을 추천합니다.

인정하는 말 한마디

인정 (認定 : Recognition) :
(사전적 의미) ① 확실히 그렇다고 여김 ② 확실히 그렇다고 여겨지다
(심리적 의미) 다른 사람의 재능, 생각, 수고, 친절, 배려, 사려 깊음, 도움 등에 대해 칭찬하고, 깊은 감사를 표하는 것

"인간성에 있어서 가장 심오한 원칙은 다른 사람으로부터 인정을 받고자 하는 갈망이다."
– 윌리엄 제임스

사람들은 누군가로부터 자신의 재능, 생각, 태도와 행동–예를 들면, 수고, 친절, 배려, 사려 깊음, 도움– 등에 대해 인정받을 때 마음에서 더 잘하고 싶은 생각이 절로 나게 마련입니다. 어쩌면 인정은 개인의 성장에 필수 비타민 같은 요소이며, 인간 문명을 발전시켜 온 원동력으로 작용했을지 모릅니다.

우리 주변에서 종종 한 사람을 변화시키는데 결정적 계기가 된 것이 바로 인정받은 말 한마디였다는 고백을 접합니다. 따라서 사람을 상대해서 누군가에게 중요한 영향을 미치는 사람들, 이를테면 부모, 교사, 친구, 의료계 종사자, 상담자, 경영자들은 항상 만나는 사람들로 하여금 '당신은 중요한 사람' 이라는 느낌이 들 수 있도록 말과 태도, 행동을 조심해서 해야 합니다.

상대방의 수고와 공헌을 인정해주는 일은 상대방과 더 가깝게 느껴지게 할 뿐만 아니라 신뢰를 촉진시키고 상대방의 자존감을 세워 주며, 더 나아가 그가 속한 공동체에 대한 소속감을 강화시켜 더 큰 선(善)으로 나아가도록 독려하는 것입니다.

오늘, 당신께서 만나는 사람들에게 보다 따뜻한 관심과 인정하는 말을 건넴으로서 상대방이 진정 중요하고 소중한 존재라는 사실을 확신할 수 있도록 해주시면 어떨까 싶습니다.

아침의 행복 편지 18 나다운 삶

"우리는 다른 사람과 똑같아지기 위해
삶의 3/4을 빼앗기고 있다."
– 쇼펜하우어

제 자신이 어렸을 때부터 성장해왔던 모습을 되돌아보면 그 과정에 저 자신은 없고 그저 주위 사람들과 보조를 잘 맞추며 살도록 길들여져 왔다는 생각을 종종 하게 됩니다. 그래서 그런지 남들이 문제아, 뭔가 이상한 사람이라고 딱지를 붙여도 아랑곳 하지 않고 남에게 피해를 주지 않으면서 자신의 주관대로 살아가는 사람들을 보면 왠지 부러울 때가 많습니다.

다른 사람이 나를 어떻게 생각하고 대하든 상관하지 않고 꿋꿋하게 살아가는 모습은 쉽지 않지만 참 고상해 보입니다. 우리 주변에는 획일화된 꿈을 이루기 위해 치열하게 사는 사람들이 너무도 많은 것 같습니다. 어느 대학을 나오고, 내로라는 직장을 잡고, 몇 평짜리 아파트에 어떤 자동차를 타고 다니고, 고액 연봉을 받고… 등등.

제가 만약 다시 어린 시절로 돌아간다면, 저는 다른 사람을 해치거나 권리를 방해하는 일이 아니라면 제 자신의 내면에서 나오는 영혼의 멜로디에 귀 기울여 거기에 맞춰 행동하는 용기를 갖고 싶습니다. 적어도 남은 세월만큼은 제 삶을 주변 사람의 시선과 평가, 기대를 기준으로 의존하며 살아가는 어리석음을 범하고 싶지 않습니다.

모든 사람이 같은 음악에 맞춰 같은 속도로 행진하고, 거기에 순응하며 사는 것을 본받기 보다는 제 자신의 리듬에 맞춰 즐겁게 행진하는 기쁨을 만끽하는 삶을 누리고 싶습니다.

아침의 행복 편지 19 의사소통

사람들은 가까운 사람들과 좀 더 긴밀한 관계가 되길 열망합니다. 그런데 주변에 사람들이 많이 있음에도 불구하고 왠지 외롭게 느껴지는 것은 제대로 된 의사소통을 하지 못하기 때문입니다. 소통 불능은 나 때문일 수도 상대방 때문일 수도 있습니다.

우리 자신은 나름 학식과 경험을 갖추고, 또 상대방을 따뜻한 마음과 선의를 가지고 대하고자해도 왜 의사소통이 잘 되지 못할까요? 가장 큰 원인 중의 하나는 성장하면서 사람들과 잘 의사소통 할 수 있는 방법을 배우지 못했기 때문입니다. 의사소통 기술은 대부분 어려서부터 부모로 부터 배우기 때문이지요.

의사소통을 방해하는 장애물 중 가장 큰 것은 상대방의 말을 경청(傾聽)하지 않기 때문입니다. 상대방의 말을 들으면서 상대방의 입장에서 생각하고 느껴보기 보다는 내 경험의 틀 속에 비추어 너무 쉽게 상대방을 '판단' 하고, '해결책 제시(충고)' 를 하곤 합니다. 오늘 만큼은 누군가와 대화할 때 잘 알아차려 보세요.

우리는 누군가와 이야기를 나눌 때 상대방의 이야기를 들으면서 상대방을 '판단' 하고 '해결책 제시' 를 하는데 너무도 익숙해져 있습니다. 그러면 진실로 상대방을 이해하거나 상대방의 입장이 되는 것이 실로 어렵습니다. 내가 먼저 '판단' 과 '해결책 제시(충고)' 만 절제해도 훨씬 상대방과의 관계가 좋아질 수 있습니다.

상대의 이야기를 들으면서 '판단' 하는 것은 '비난과 단정' 이라는 매우 부정적인 걸림돌을 내포하기 쉽습니다. 대화 상대가 가까운 사람일수록 그동안의 경험에 비추어 내 마음대로 비난과 단정을 하기 때문이지요. 다른 하나는 내 뜻대로 상대방을 변화시키려고 '해결책(충고)'을 제시하고 상대방이 내 말에 수긍하고 따라오도록 은근히 강요하는 것입니다. '비난' 아닌 충고는 건설적인 면도 있지만 우리가 하는 대부분의 충고는 상대방의 능력에 대해 부정적인 점을 지적함으로써 상대방이 부족하다는 느낌을 갖게 해 자칫 거부감이나 분노를 일으켜 결국은 둘 간의 관계에 거리감을 초래한다는 점이 있습니다.

나는 혹시 너무 쉽게 누군가를 '괜찮은 사람' '지적인 사람' '생각이 부족한 사람' '인색한 사람' '세상 물정 모르는 사람' '잔소리꾼' '몰염치한 사람' '이기적인 사람' 등으로 단정해버리곤 하지 않나요? 그 사람을 충분히 알기 전까지 그 사람이 어떤 사람인지 판단하지 말고 상대방의 본심에 보다 많은 관심을 기울이는 노력을 기울여야겠습니다.

의사소통은 '나' 와 ' 너' 의 쌍방노력이 필요한 과제입니다. 설 명절을 맞이하여 오랜 만에 만난 가족들 간에 이번만은 그동안 갖고 있던 판단(비난과 단정, 선입견)을 내려놓고 나부터 먼저 상대방의 마음에 다가가는 노력을 하면 좋겠습니다. 가장 가까이에서 서로 이해해주고 받으며 힘과 용기를 얻어야 할 가족들끼리 지난날의 상처로 얼룩져 서먹서먹함을 넘어 담을 쌓고 사는 일은 참으로 슬프고 두고두고 부담되는 일입니다. 소통이 안 되면 고독과 거리감을 평생 안고 살아가야 하기 때문입니다.

아침의 행복 편지 20

정의와 자비

얼마 전 국내외에서 화제가 된 뮤지컬 영화 보셨나요? 1862년에 프랑스의 작가 빅토르 위고가 쓴 소설을 각색한 영화 '레 미제라블(Les miserables)'. 가난 때문에 빵 한 조각을 훔쳐 19년간 지옥 같은 감옥 생활을 했던 장발장과 그 뒤를 집요하게 쫓는 자베르 경감의 팽팽한 대치 장면이 흥미롭습니다. 장발장이 자비의 힘으로 절망에서 정신적 구원을 받았다면, 엄격한 정의에 집착한 자베르 형사는 자살로 생을 마감합니다. 이 영화는 우리들에게 '정의와 자비'에 대한 화두 한 꼭지를 던집니다.

사람들은 나이를 먹고, 힘을 쓸 수 있는 우월적 지위에 오르면 권위와 정의를 내세워 상대방들이 순종하지 않으면 벌을 주고 혼내려 하고 상대방을 지배하려는 유혹을 강하게 느낍니다. 실제 그런 관계가 지속되면 될수록 어느덧 그 관계에는 자비와 사랑은 증발하고 관계에 균열이 생겨 상호 기쁨과 선한 의도, 친밀함을 느끼기 어렵게 됩니다. 서로 간의 대화는 줄고, 상대방을 회피하며 살얼음판을 걷는 듯한 일상을 보내게 되지요.

정의는 왠지 딱딱하고 차갑고 엄격하며 너그럽지 않은 것 같은 이미지가 떠오른다면, 반대로 자비는 부드럽고 따뜻하고 온유함과 너그러움으로 대비됩니다. 자비로움이 없는 정의는 용서도 관용도 화해도 변화의 가능성도 무색하게 만드는 것 같습니다. 지금 내가 속한 가정과 직장, 단체의 지도적 위치에 있다면 한번쯤 나 자신을 되돌아봄이 어떨까요?

마치 법률의 집행에도 국민의 법 감정을 고려해야 하듯이 권위와 정의라는 잣대를 들이댈 때에 반드시 나의 행위를 상대방의 입장에서 먼저 생각해보는 일이 절대로 필요합니다. 나로 인해 상대방이 행복할지 우울할지를!

마음속에 자비를 품고 있으면 무엇을 반대하는 쪽보다는 상대방에게 도움이 되는 쪽에 먼저 시선을 두게 마련입니다. 우리 사회 곳곳에 정의로움을 주장하면서 점점 자비로움은 사라져 서로를 욕하고 부정하고 결국 상대방과 멀어져가는 현상이 비일비재하지 않나요? 정의로움과 자비로움은 불가분의 관계이자 조화와 균형이 필요한 덕목인 듯 싶습니다.

순한 귀

공자는 예순이 되어야 '이순(耳順)' 이 된다고 했습니다. '귀를 순하게 하는 일'

나이 들수록, 자신이 내리는 판단과 결정이 가정과 일터, 각종 모임 등에서 다른 사람들에게 많은 영향을 미치는 경우가 많습니다. 나이 들면서 그 점에 있어서 주위를 더 세심하게 둘러보고 타인의 이야기에 귀를 기울이는 지혜가 필요하다고 생각하곤 합니다. 내 자신의 지식과 경험이 최고라고 무조건 믿고 타인을 경시한다면, 자칫 저지를 수도 있는 자신의 잘못을 깨닫지도 못하고 성장할 수 있는 기회마저 놓칠 수 있습니다.

사실 일상을 자신 있게 긍정적으로 사는 것은 너무도 중요합니다. 그렇지만 항상 내 생각이 전적으로 옳다거나 내가 최고라고 믿게 되면, 정도가 지나쳐 자칫 자만과 오만으로 결국 독선에 빠질 수 있으니 주의가 필요합니다. 최고 우두머리에 앉아 있는 사람들이 시간이 흐를수록 독선에 빠져 독재자가 되는 경우는 우리 주변에 허다합니다. 이런 사람들은 아첨만 일삼으며 달콤한 말만하는 간신배에 둘러싸여 누군가 진심 어리게 건네는 충언이나 쓴 소리에는 한 귀로 듣고 흘리거나 외면하는 특징을 보입니다.

자신감은 있으되 항상 겸손하도록 노력하는 지혜가 필요합니다. 겸손과 자신감은 시소처럼 적절한 조화와 균형이 필요한데 그러기 위해서는 '귀를 순하게 하는 일' 에 앞장서야겠지요.

한 걸음 물러서서 차분하게 다른 사람의 이야기에 귀 기울이는 사람이 곧 성공과 후회 없는 삶을 누릴 것입니다. 오늘은 만나는 사람과 대하는 사물들에 순한 귀로 다가가 보심이 어떨지요?

아침의 행복 편지 22

노년기 고독감

100세 건강 시대를 이야기하는 요즈음 노후 준비는 누구에게나 진지하게 고민해야 할 과제입니다. 노년기에 가장 문제가 되는 것은 질병 및 건강 기능약화, 경제적 빈곤, 그리고 정서적인 고독감입니다. 젊으나 늙으나 섭생과 운동을 통한 건강관리가 강조되고, 은퇴 후 경제적 어려움을 겪지 않도록 일찍부터 재테크를 해야 한다는 이야기를 많이 듣습니다. 하지만 우리 주위에서 노년기의 고독감에 대해서는 어쩔 수 없는 현실로 받아들일 뿐 깊이 대비하지 않는 듯 보입니다.

많은 심리학자들은 사람들이 나이 들어서도 인간관계와 사회적 역할이 많으면 많을수록 건강과 행복이 더욱 커진다는 사실을 밝히고 있습니다. 그래서 인생의 현자들은 중년이 되면 관계망이 좁아지기 때문에 그것을 유지하기 위한 조치를 일찍부터 취해야 한다고 강조합니다.

오래된 인연을 소중히 지키면서 적극적으로 교류활동을 하는 것! 호기심을 잃지 않고 취미와 관심분야에 대한 무언가를 배우면서 새로운 관계를 만들어 가는 것!

노후에 고립되지 않고 누군가와 가깝게 인연을 맺고 살려면 젊어서부터 사교적인 사람이 되는 법을 배워야겠습니다. 헐뜯고 비난하지 말고, 조금 손해도 볼 줄 알고, 고집피지 말고, 먼저 돈도 내고, 상대방 실수도 모르는 체하고, 내가 먼저 전화도 하고, 초대도 하고, '허허' 하고….

오늘 좀 신경 써서 노후대비 '고독감 대피 훈련'을 진지하게 해보시죠. 귀가하시면 스스로 행복 지수 상승을 체감하실 겁니다.

기회

미련[未練] : 품었던 감정이나 생각을 딱 끊지 못함.
후회[後悔] : 이전의 잘못을 깨닫고 뉘우침.

당신은 '미련과 후회' 라는 단어를 들으신다면 무슨 생각이 제일 먼저 떠오르시나요? 당신이 지금껏 살아오면서 제일 후회되고 미련이 남는 일이 있다면 그것이 무엇입니까?

제 생각에 미련은 두가지와 밀접한 관련이 있어 보입니다. 첫째는 선택에 대한 아쉬움, 둘째는 기회의 활용입니다.

우리의 삶은 선택의 연속입니다. 또한 선택은 여럿 가운데 뽑아야하는 기회입니다. 미련은 지난번 선택한 것에 대한 아쉬움이 남았을 때 느끼거나, 언젠가 다시 기회가 찾아오면 그때는 꼭 도전 해보고 싶은 마음이 남아 있는 상태입니다. 지난 날, 그때 그 상황에서 좀 더 제대로 "~ 했을 걸"하는 아쉬움과 같은 것이겠죠?!

우리 보다 앞서 산 현자들도 자신의 과거를 되돌아보며 가장 흔히 후회했던 일 중 하나가 자신에게 기회가 왔을 때 문을 굳게 닫아두고 그 기회를 받아들이지 않았다는 사실입니다. 그러면서 그 분들이 공통적으로 우리들에게 권하는 것은 기회가 왔을 때 마음의 문을 열고 적극적이면서 긍정적인 답을 하라는 것입니다. 그것이 아무리 어렵고 위험이 따른다 할지라도!

중대한 시점에서 위험을 무릅쓴 사람들은 훗날 삶을 회고할 때 매우 만족스러워할 것입니다. 그에 반해 기회가 있을 때 도전하기보다는 안주하거나 포기하는 사람들은 뒤늦게 자신의 선택을 후회하며 미련을 간직한 채 살아갈것 입니다.

"내가 살면서 고수한 한 가지 원칙은 '아니오' 라고 대답해야 할 명백한 이유가 없는 한 '네' 라고 대답하는 거야. 내 삶에 '아니오' 라는 대답은 없었다네. 나는 내게 주어진 일들을 흔쾌히 받아들였지…" 한 노인의 기회와 선택에 대한 삶의 지혜가 묻어 나는 고백의 한 구절 입니다.

오늘만큼은 미련 없이 흔쾌하게 무엇이든 '네' 라고 받아들이면서 살면 어떨까요? 미련이 떠오르는 생각이 있으면 오늘 다시 그 일을 시작해보신다면 어떨지요?

아침의 행복 편지 24 위급한 감정 ①

살다보면 누군가는 '화가 날 법한 상황' 에서도 큰 동요 없이 허허허는 사람이 있는가 하면 어떤 사람은 불같이 독설을 뿜어내며 화를 내는 사람이 있습니다. 무슨 차이에서 올까요?

우리가 살아가면서 피할 수 없는 것이 희로애락(喜怒哀樂)입니다. 그중에서도 화가 나거나 슬퍼지는 로애(怒哀)의 감정을 잘 다스려야 합니다. 내 마음 속에서 슬픔이나 노여움을 자주 느끼는 것은 그 자체만으로 힘든 일이며 건강에도 좋지 않습니다. 그런가하면 그런 감정을 너무 쉽게 타인이나 세상을 향해 표출하면 자칫 다른 사람들과의 관계를 해칠 수 있습니다.

분노, 슬픔, 원망, 죄책감, 시기, 질투, 우울증과 같은 감정은 내면적인 혼란으로 인한 긴급상황일 수도 있고, 관계의 혼란으로 인한 긴급상황일 수도 있는 '위급한 감정' 들입니다. 이런 '위급한 감정' 은 마음의 평화를 갉아먹고, 건강과 에너지를 훔치고, 사랑의 관계를 손상시키며, 일에 대한 의욕을 감소시키고, 성취의 감정을 앗아갑니다. 자신의 삶을 무능하게 만들어버리는 독소인 셈이지요.

이런 감정들을 잘 다스리는 방법은 없을까요? 한 가지 방법은 바로 그런 감정들에 대해서 내 자신이 '책임을 지는 것' 입니다. '위급한 감정' 을 느낀 상황이나 장면에 부딪힐 때마다 "이것은 내 책임이다"라고 속으로 반복해서 되뇌는 것입니다. 냉정하게 이야기하면, 내가 느끼는 감정도 나 스스로 허락하지 않으면 특정한 감정이 생길 수도 조절할 수도 없다는 사실입니다.

어느 누구도 나에게 분노를 느끼게 만들거나, 긴장감을 느끼라거나 슬프라고, 화내라고 하지 못합니다. 다만 어떤 상황에서 그런 감정을 느끼는 것은 항상 '내 자신이 결정' 한 것이지요. '화가 나게 하는 상황' 에 주목할 것이 아니라 '화를 낸 나의 선택' 에 주의를 기울일 필요가 있다는 뜻입니다.

"이것은 내 책임이다" 라고 속으로 반복해서 말하는 순간 마음이 차분해지고 안정이 되면서 상황을 좀 더 객관적으로 볼 수 있는 여유가 생깁니다. 마음속으로 '이건 내 책임이다' '이건 내 책임이다' 를 외치고 결정하는 순간 '위급한 감정' 의 전원을 뽑아버리게 되는 것이지요. 자신의 감정에 대해 내 책임임을 전적으로 인정하고 내가 내 인생의 주인이 되겠다는 마음자세를 갖는 한, 감정을 선택할 자유를 누리게 됩니다.

오늘 당신에게 '위급한 감정' 이 느끼는 상황이 발생하면 마치 119 신고하듯 '자신의 책임' 콜센터로 긴급타전하세요. '이건 내 책임이다' '이건 내 책임이다' 라고 싸이렌이 울릴 것입니다. 내 마음에 분노나 원망이 많을 때 그 상황에서 벗어나는 또 하나의 방법은 분노나 원망을 하지 않겠다고 결심하는 것입니다.

오늘도 행복을 만들어 가세요.

아침의 행복 편지 25

위급한 감정 ②

우리의 삶을 힘들게 만들고 우울하게 만드는 '위급한 감정'을 다스리는 두 번째 방법은 바로 소리를 치거나, 땀 흘리거나, 마음을 표현하는 것입니다.

평소 자신의 감정을 살펴보며 힘든 마음은 표현해야 합니다. 자신의 위급한(부정적) 감정을 지속적으로 억압하거나 감정 표현을 제대로 하지 않으면 몸과 마음에 더욱 부정적인 영향을 미치게 됩니다. 정서의 표현은 인간의 기본적인 욕구로서 그 자체만으로도 치료가 되기도 합니다.

안타까운 것은 나이 들수록 남이 나를 어떻게 볼지 몰라 내면에 억제돼 있는 감정을 표현하기가 쉽지 않아 마음에 담아둔다는 것입니다. 표현하고 싶지만 표현하지 못하고 억제하는 마음이 습관이 되면 스트레스가 될 뿐만 아니라 우울증의 원인이 되기도 합니다. 우리가 위급한(부정적) 감정을 표현하기를 두려워하고 억제하는 원인은 다른 사람으로부터 관심을 받지 못할까봐 두려워하거나, 거절당할까봐 두려워하기 때문입니다.

누군가 나의 이야기를 진심 어리게 들어주고 후원해주는 정서적 통로인 멘토를 만들어 힘들고 어려울 때 감정을 표현하는 것이 매우 중요합니다. 만약 감정을 누군가에게 자연스럽게 표현하기 어렵다면 몸으로라도 표출하는 것도 한 방법입니다. 노래방에서 큰 소리로 노래를 불러보는 것, 샌드백을 열심히 치는 것, 높은 산에 올라가 큰 소리로 고함을 쳐보는 것, 실컷 울거나 실컷 웃는 것 등 몸과 목소리로 감정을 표현하는 것입니다.

가장 가까운 관계에 있는 사람끼리 서로의 욕구를 이해하고, 이를 자유로운 방식으로 서로 표현할 수 있다면 최상이겠지요. 이번 한주 상대방의 '위급한 감정'에 보다 더 관심 갖는 가족이 되고 친구, 친지가 되도록 노력하는 게 어떨지요?

아침의 행복 편지 26

생각의 힘

한번 상상해 보세요. 하루 평균 호텔방 열다섯 개를 부지런히 청소하는 호텔 청소부들의 운동효과와 건강상태는 어떨까요? 그 분들이 매일 방바닥을 쓸고 닦고, 침대 시트를 갈고, 화장실이며 가구 등을 깔끔하게 정리하느라 눈코 뜰 새 없이 바쁘게 움직여야 하는 일과를 보내겠지요.

놀라운 사실은 그들의 대부분이 운동부족으로 인한 고혈압, 과다체중, 불룩한 배를 가지고 있어 온갖 대사증후군 증상을 보였답니다. 그래서 이분들의 건강증진에 관한 실험을 위해 이들 청소부들 중 절반을 비밀리에 불러 청소활동의 운동효과에 대해 상세하게 설명해주었답니다. 예를 들면 각종 청소관련 활동에 소비되는 칼로리에 대해서 상세하게 알려주었답니다. 예를 들면 시트교환 40칼로리, 진공청소기로 바닥청소하기 50칼로리, 욕조 닦기 60칼로리 등등.

눈치 채셨습니까? 한 달 후 설명을 들은 청소부들의 건강과 설명을 듣지 못한 청소부들의 건강상태는 놀라운 차이를 보였습니다. 똑같은 일을 하며 3가지 다른 마음가짐과 태도로 일을 했을 때 확연한 차이를 보인게지요. 우선 첫 번째 그룹 사람들은 일 자체를 고역으로 생각하며 일한 사람들로서 이들은 몸속에 피로독소가 증가하는 상태였고, 두 번째 그룹은 아무런 생각 없이 무심코 청소한 이들로 실험 대조군으로 특별한 변화조짐이 없었지만 세 번째 그룹 사람들은 운동효과를 인지하고 몸의 변화를 바라며 일한 청소부들로서 체중, 허리둘레 감소, 혈

압감소 등의 변화를 보였다는 것입니다. 놀랍지 않습니까? 이는 하버드 대학교 심리학자 랭거 교수가 실험을 통해 입증한 사실입니다.

청소할 때마다 살이 빠져나간다고 생각하는 것만으로도 살이 빠진다는 놀라운 사실을 우리들에게 일깨우는 지침입니다. 우리의 생각은 몸과 마음을 치료하는 매우 중요한 수단입니다. 평소 기분을 밝게 해주는 생각에 늘 관심을 집중하는 노력이 우리의 삶을 행복하게 만들어줍니다. 오늘 당신 마음에 어떤 생각을 품으며 사시겠습니까?

산책

산책 [散策] : ① 느긋한 기분으로 한가로이 거닐음
② 한가로이 가볍게 이리저리 거닐다

제가 언제 들어도 또는 상상만 해도 가슴 설레는 단어 중 하나가 '산책' 입니다. 제 추억 속에는 언젠가 느긋하고 편안한 마음으로 걸었던 세계 곳곳의 장소와 시간, 풍경, 동행했던 사람들이 떠오르기 때문이지요. 그 곳은 꼭 유명한 곳만도 아니고 왠지 모르지만 잔잔한 감동으로 기억되어 행복한 순간처럼 느껴집니다. 그 걸었던 길들은 저에게 지난날을 되돌아보게 하였고, 내일과 미래를 사색해 볼 수 있도록 허락한 곳이었습니다.

가끔 정지용 시인의 고향인 옥천 금강 변을 걷습니다. '향수' 노래를 들으면 저 역시 어릴 적 고향, 자주 거닐었던 곳으로 가게 마련이지요.

'넓은 벌 동쪽 끝으로 옛이야기 지즐대는
실개천이 휘돌아 나가고, 얼룩백이 황소가 해설피
금빛 게으른 울음을 우는 곳,
그 곳이 차마 꿈엔들 잊힐리야.'

요즈음 일이 곧 인생의 전부가 되어버린 듯이 사는 이웃이 많습니다. 대부분의 사람들이 과중한 일에 치어 산책할 시간과 여유가 없어 보입니다. 하지만 일이 인생의 전부였던 것처럼 살았던 사람이 목숨을 다할 때쯤 열이면 열 모두 지난날을 후회 한다고 하지요.

굽이굽이 돌아가는 아늑한 길을 걷다가 소용돌이치는 시냇물 소리를 들으며 개울가에서 잠시 쉬는 것도, 벤치에 앉아 하얀 뭉게구름 지나가는 것을 보아도, 한결 따뜻해진 금빛 햇살을 온몸으로 느끼는 것도, 다가오는 봄의 소리를 듣는 것도….

일과 단잠, 움직이기 싫은 게으름의 유혹을 뿌리치는 일은 쉽지 않습니다. 좀 더 삶을 풍요롭고 음미하며 살고 싶으시다면 오늘 일과 중 짬을 내어 잠시라도 산책을 해보심이 어떨지요?

아침의 행복 편지 28 부자간 대화

사람이 성장하면서 빼놓을 수 없는 자산이 바로 개인적 체험입니다. 체험하지 않고도 세상과 사람에 대해 깊이 있게 이해할 수 있다면 얼마나 좋을까요? 어쩔 수 없이 보통 사람들에게는 진정 깊이 있는 깨달음이 모두 체험에서 비롯되기 때문이겠죠.

몇년 전 어느 날 문득 돌아가신 아버지께서 내 나이(40대 중반)에 무슨 생각과 고민을 하시면서 사셨을까 생각해 본 적이 있습니다. 60-70년대 가난하고 힘들 때 8남매 고등교육 시키느라 얼마나 힘드셨을까 생각해 봅니다. 개인적으로 하고픈 일 다 마다 하시고, 가장으로서 무거운 책임감이 짓누르고 계셨을텐데…. 지금 생각해보니 다행히 몇 번은 나이와 부자관계를 떠나 속 깊은 이야기를 아버지와 나누었던 기억이 있습니다. 그때 더 공감해드리고 위로해드렸더라면 더 좋았을 것이라는 후회가 생깁니다. 다 체험하고 시간이 지나야 비로소 되돌아봄을 통해 안다는 것이 안타까울 때가 많습니다.

제가 그 때 그 시절을 생각해서 대학에 다니는 딸아이와 가능한 많은 이야기를 주고받으려 노력하고 삽니다. 훗날 아빠와 참 많은 이야기를 주고받았고 이런저런 따뜻했던 추억을 떠올릴 수 있었으면 하는 바람으로 말입니다. 어느 날 딸아이가 꼭두새벽까지 한 아르바이트로 피곤을 호소할 때 안쓰러우면서도 속으로는 체험으로 세상을 배우는 것이 대견하고 흐뭇할 때가 있었습니다.

요즈음처럼 가난을 모르며 사는 딸아이가 자칫 '안일(安逸)을 탐하는 사람'이 될까 봐 속으로 염려될 때가 많습니다. 행여 일과 학업에서 즐거움을 찾지 못하고 눈에 보이는 외모, 명품 옷과 좋은 차에 더 신경 쓸까봐 말입니다. 누군가 '안일이 무서운 것은 안일 속에 빠져들면 평범해 질 수 밖에 없다'라고 한 말이 생각납니다.

많은 대화, 독서와 체험 그리고 고생은 한 사람의 영혼을 키워주는 자산입니다. 오늘도 보이지 않는 마음의 양식을 얻기 위해 허락된 시간과 장소에서 나름 최선을 다하는 삶을 지내심이 어떨지요?

아침의 행복 편지 29 나 중심

사람들은 저마다 가까운 가족이나 연인, 친구들과 서로 친밀감과 신뢰감을 느끼고자 합니다. 특별히 그 상대가 누구건 '나와 너' 관계는 상호성에 따라 그 관계의 깊이는 달라지게 마련입니다. 그러나 어느 인간관계든 서로 가까워지고 더 사랑을 느낄 수 있는 핵심이 하나 있습니다. 바로 상대를 대할 때 나의 말과 태도 행동이 '나 중심' 인가 '상대방 중심' 인가가 매우 중요합니다.

사랑은 상대가 보다 더 행복하고 성장할 수 있도록 보여주는 관심이라고 합니다. 그 관심 역시 '나 중심' 인 내 입장에 다가가는 관심이 아니라 상대방 입장을 더 이해하고 공감하려는 '상대방 중심' 이 바람직합니다. 그러나 우리들 대부분은 자신의 관점에서 자신의 경험에 비추어 상대를 판단하고 해석하는 입장으로 말하고 상대의 말을 듣습니다. '상대방 중심' 을 잊고 말할 때면 너무 쉽게 비판, 설득, 비교, 지시, 명령, 통제하는 일방적 소통을 하기 쉬우며 들을 때 역시 상대방의 입장에서 이해하고 공감하기 어렵습니다. 들을 때 내 관점에서 분석하고 판단하기 때문이죠.

미국의 결혼상담가 게리 채프먼은 자신의 저서 『5가지 사랑의 언어』에서 연인과 부부 사이에 사랑을 유지하기 위한 5가지 언어가 있는데, 사람마다 그 중에서 더 중요하게 생각하는 언어가 반드시 있다고 지적합니다.

① **인정하는 말**(칭찬, 격려, 지지, 위로의 말)
② **함께 하는 시간**(집중하는 대화, 함께 하는 활동)
③ **선물**(눈에 보이는 사랑의 징표)
④ **봉사**(상대의 수고와 힘을 덜어주는 행위)
⑤ **스킨십**(쓰다듬는 것부터 섹스까지)

그러니까 이 사랑의 5가지 언어는 연인과 부부 사이든, 친구간이든, 부모-자녀간이든 신뢰와 친밀감을 쌓아가고 만들어 가려면 꼭 필요한 소통의 기술이라고 할 수 있습니다. 특히 이 중에서 자신과 상대가 특별히 더 중요하게 생각하는 언어가 무엇인지를 잘 알고, 그 언어를 통해 서로에게 다가갈 수 있어야 사랑을 키워가고 오래 유지할 수 있다는 것입니다.

저는 개인적으로 생각해 볼 때 인정하는 말과 함께 하는 시간이 저의 사랑의 언어인 듯싶습니다. 여러분은 이 중에서 어떤 언어가 자신에게 꼭 필요한 첫 번째 사랑의 언어라고 생각되시나요? 5가지 언어 모두가 사랑을 유지하는데 필요한 언어지만, 사람마다 더 중요하게 느끼는 언어가 다 다르기 때문에, 우리는 상대가 가장 필요로 하는 언어를 알고 그 언어에 맞게 소통해줄 필요가 있습니다. 상대방 중심으로!

오늘 하루 기꺼이 상대방 중심에 서서 가장 가까운 사람의 첫 번째 사랑의 언어가 무엇인지 생각해 보고 그 언어를 기꺼이 사용하시는 하루 만드시면 어떨까요? 행복 가득한 하루 만드시길 빕니다.

아침의 행복 편지 30 화내는 일

나이 들어도 변치 않는 것이 있다면 누군가로부터 잘못을 지적 받거나 누군가가 나에게 화내는 일을 스스로 큰 동요 없이 소화하는 일이 점점 더 어려워 보이는 것입니다. 나이 들수록 그런 말을 듣게 될 기회가 적어서 그럴까요? 그래서 그런 상황이 더 커 보이고 오래 가는 것일까요?

분명한 것은 그런 말을 나보다 어린 사람이나 아랫사람에게 듣거나 내가 믿을만한 사람에게서 들을 때는 그 실망감과 속상함이 더 큰 것 같습니다. 그 순간만큼은 섭섭함을 너머 그 화를 2배로 더 보태서 상대에게 되돌려주고 싶은 마음이 꿈틀거립니다. 아마도 어렸을 적 비슷한 상황에서 느꼈던 무력감이나 상처에서 자신의 초라함을 무마하고 싶어 앙갚음하고 싶은 내 마음에서 비롯되는 걸까요?

사람들은 자신의 고통을 너무도 쉽게 타인의 고통으로 전가시키고, 타인의 고통을 즐겨 소비하는 것 같습니다. 비록 사람과 사람 사이의 진정한 관계가 시련과 갈등을 딛고 성숙하는 법이기는 하지만 하고픈 이야기를 내 방식대로 정도를 넘어서 하는 일이 자칫 상대에게 지울 수 없는 앙금으로 남겨 줄 수 있다는 망각을 하면서 말입니다.

우리는 의견이 같은 이들에게서 위안을 얻으며 가까운 연대감을 느끼지만, 의견이 다른 사람들 덕분에 또 이해의 폭을 넓힐 수 있고 성장할 수 있는 것 같습니다. 화를 되돌려 서로 더 분노를 키우기보다 나를

이 눈이 끝나는 곳에서
그 마음은 구름이 되고,

이 말이 끝나는 곳에서
그 뜻은 더 멀리 감돈다.

한 세상 만나던 괴롬과 슬픔도
그 끝에선 하나로 그리움이 되고,
여기선 우람한 기적도
거기선 기러기 소리로 날아간다.

지나가 버린 모든 시간,
잊히지 않는 모든 기억,
나는 그것들을 머언 지평선에 세워 두고
바라본다.
노을에 물든 그 모습들을.

— 김현승, 「지평선(地平線)」

돌아보고 상대에게 연민의 정을 가지므로 내 스스로 동요하지 않는 것이 지혜이겠지요?

사건 상황보다, 이성과 논리보다 더 중요한 것이 가까운 사람들 간의 관계임을 생각해 봅니다. 일을 성사하려다 관계를 놓치는 우를 범하지 않으리라는 다짐을 오늘도 해봅니다.

아침의 행복 편지 31 정서적 소통

궁금증이란 호기심이 가득하여 알고 싶어 하는 마음입니다. 가까운 사람들 간에 또는 많은 사람들이 함께 생활하다보면 자연스럽게 어떤 사실이나 사건들에 대해 '알고 모름'의 차이가 있게 마련이지요. 서로 현재 진행되고 있는 상황 모든 것을 모두에게 다 말해줄 수는 없습니다. 하지만 서로 간에 궁금증이 없어지는 만큼 서로를 잘 알아 소통이 잘되어 감을 알 수 있습니다.

특별히 가까운 가족들끼리 서로 관심을 갖는 것은 사랑의 기본입니다. 관심을 가지고 보면 당연히 궁금증이 생기지요. 건강하고 편안한 가정일수록 서로 궁금증을 솔직하게 이야기하고 그에 답하는 풍경일 겁니다. 필요이상의 비밀과 궁금증의 억압과 무시, 외면하는 일은 정서적 소통의 어려움이 있다는 반증입니다.

인간이면 누구나 상대방으로부터 이해해주고 이해 받고 싶어 합니다. 가까운 사람끼리 서로 궁금증을 풀어가면서 서로를 알아가게 되고, 그런 가운데 서로 이해하고 친해지며 가깝게 느껴질 뿐만 아니라 신뢰도 쌓아집니다. 서로 궁금증을 주거니 받거니 할 때 함께 한다는 느낌이 들지 않을까요? 거꾸로 궁금증이 있어도 무관심한 것처럼 속으로 묻어두면 차곡차곡 외로움으로 쌓이고 관계는 점점 메말라가게 됩니다.

어떠하신가요? 당신은 가족들, 연인, 친구들 간에 서로 궁금증 생길 때 거리낌 없이 솔직히 있는 그대로 표현하고 묻는 편인가요? 아니면 서로 간에 쉬쉬하며 필요 이상의 비밀이 있는 건 아닌지요? 오늘과 다가오는 주말에는 함께하는 이들끼리 자그마한 궁금증을 하나씩 풀어가는 재미를 솔솔 느끼시면 어떨까요? 궁금증은 서로 간 '관계의 정서적 소통'을 측정하는 리트머스지입니다.

아침의 행복 편지 32 자기 이미지

'사람은 자기 이미지가 긍정적이든 부정적이든 그 이미지에 따라 생각하고 행동한다.'

사람은 누구나 저마다 자신에 대한 '자기 이미지'를 가지고 있습니다. 자기 자신에 대한 주관적인 자기 평가, 자기 신념인 셈이지요. 자기 이미지는 어렸을 때부터 가장 가까운 사람들로부터 들어 온 '타인의 평가'들로 만들어집니다. 그 안에 제일 먼저 부모님의 말이 스며들어 있습니다.

어렸을 때 부모님께서 "너는 너무 게을러" "너는 너무 의지가 약해" "너는 너무 몸이 약해" "참을성이 없어" "너무 끈기가 없어" "너는 꼭 시켜야 뭔 일을 해" "너는 못 생겼어" 등과 같은 말을 듣고 자라면 자연스럽게 '나는 그런 사람이구나.' 라는 믿음을 형성하며 성장하게 됩니다. 부모의 말 다음으로 학교 선생님의 말, 친구나 동료 선후배의 말도 영향을 주게 마련입니다.

부모의 긍정적인 말을 들으며 어른으로 성장한 사람이 부정적인 말을 들으며 자란 사람보다 더 많을까요? 예컨대 "너는 참 부지런해" "너는 늘 밝은 생각으로 주위를 편안하게 하지" "너는 다른 식구들에게 배려하는 마음이 참 좋아" "너는 친절한 모습이 있어" "너는 뚜렷한 개성으로 아주 매력적이야" "너는 호기심이 많고 끈기가 있어서 앞으로 뭔가 큰일을 할 사람이야" 등등. 경험적으로 모든 부모님이 자녀의 행복을 바라시겠지만 자녀가 스스로 자기평가를 부정적으로 하게끔 어렸을 때부터 숱한 말을 한다는 것입니다. 그 말들은 서서히 부정적인 자기 이미지를 만드는 기초가 되고, 거기다 그런 평가들을 자기 스스로 강화시키는 '자기 대화' 를 통해 자기 이미지를 더욱 견고하게 만들어 갑니다.

사람들 대부분은 자기 자신을 정의하는 말을 하루에 약 100회 정도 마음속으로 되뇌이거나 실제로 입 밖에 낸다고 합니다. 부정적 이미지를 많이 가진 사람이 많으니 이를테면 "나는 너무 몸이 약해" "나는 무능력해" "나는 낯가림이 심해" "나는 의지가 약해" "나는 운이 없는 사람이야" "나는 되는 게 없어" 같은 형식의 말들을 하면서요. '부정적인 자기이미지' 를 바꾸지 않는 한 큰 변화를 기대하기 어렵습니다. 자기 이미지는 실제 나 자신의 모습과는 별개로 주변 사람들의 평가로 인한 말로 주입된 것이라는 사실을 기억하는 것은 매우 중요합니다.

실패하거나 일이 잘 안 될 때는 '더 잘할 수 있다는 믿음' '지금부터 새롭게 시작하면 된다는 믿음' '얼마든지 변화 할 수 있다는 믿음' '나답지 않아. 내 능력은 고작 이 정도는 아니잖아? 라는 믿음' 을 갖고 지내려는 노력, 일이 잘 풀렸거나 좋은 일이 있으면 '역시 나야' '노력한 결과로 점점 나아지고 있어' '역시 당연한 결과지' 라고 긍정적인 자기 대화를 하는 습관이 필요합니다.

이번 한주 상큼하게 시작하시면서 자신을 긍정하고 격려하는 다짐으로 자기 이미지 쇄신에 헌신하심이 어떨지요? 매일 자기 자신과 나누는 백번의 '자기 대화' 를 눈여겨보십시오. 행복한 한주 되시길 빕니다.

긍정의 확대경

'불행한 사람은 갖지 못한 것을 사모하고,
행복한 사람은 갖고 있는 것을 사랑한다.'
– 하워드 가드너

행복감은 한 개인이 얼마나 긍정적이며 낙관적인 사고를 하느냐와 매우 밀접한 관계가 있습니다. 그런데 긍정적인 삶을 가로막는 큰 장애 중 하나가 '남의 떡은 크게 보고, 자신에게 없는 것을 아쉬워하거나 탓하는 것' 입니다.

너무나 많은 사람들이 자신에게 부족한 것, 결핍된 것, 한계가 있는 것을 생각하고 그것들로 고민하고 갈망하며 평생을 보냅니다. 심한 경우 자신의 처지를 원망하며 다른 사람들만 부러워하며 살기 쉽습니다.

갖고 있지 않는 것만 아쉬워하며 가지고 있는 것에 감사하지 못하는 사람은 결코 행복하기 어렵습니다. 왜냐하면 느끼는 행복감의 정도는 현재 가지고 있는 것과 원하는 것 사이의 간격과 반비례하기 때문입니다.

행복은 삶의 부정적 요소가 없다는 것이 아니라 긍정적 측면이 상대적으로 많다는 것입니다. 우리 일상에서 일어나는 부정적인 일도 조금만 다르게 생각하면 긍정적 측면이 분명 있기 마련입니다. 우리의 사고 자체가 부정적인 측면을 더 많이 고려하는 관습적 사고에 빠져 있어서 그렇지요. 조금만 긍정적인 측면의 사고를 위한 연습을 한다면 훨씬 더 행복하고 만족스러운 삶을 살고 있음을 깨달을 수 있을 것입니다.

오늘부터 조금 더 행복해지려면 갖고 있지 못한 것에서 가지고 있는 것으로 관심의 초점을 돌리고, 그것에 최선을 다해야 합니다. 행복한 삶을 위해서 원하고 바라는 것보다 현재 가지고 있는 것에 대한 감사의 항목(리스트)을 작성해 봄이 어떠실지요?

아침의 행복 편지 34

내면으로의 여행

뿌린 만큼 거둔다는 이야기는 많은 곳에 해당하는 이야기인 것 같습니다. 일에서도, 건강관리에서도 내가 투자한 시간, 땀과 수고만큼만 소출을 얻게 되지요. 이 세상에 '한 방'은 거의 없습니다.

내면의 평온을 얻는 것도 마찬가지인 것 같습니다. 우리 자신이 내적으로 불안하고 우울하고 혼란스러움을 느끼면 느낄수록, 우리는 그만큼 밖의 것에 더 많이 매달리게 되고 정신없이 지내는 것 같습니다. 밖의 것에 매달려 분주하게 살면서는 온전한 평화를 얻기 보다는 순간적인 기쁨이나 어느 한 순간 공허감이 밀려오는 것을 피할 수 없습니다. 내면의 평온은 아무런 수고 없이 주어지지 않습니다.

우리 자신으로부터 이방인이 되지 않기 위해서는 시간을 내어 나 자신과 조용한 대화를 나누는 '내면으로의 여행'이 필요합니다. 그러기 위해서는 혼자만의 시간을 내야합니다. 자신의 내면에서 울리는 소리에 귀 기울이는 고독의 시간을 일부러 만들어야 합니다. 하루의 일과 중에 틈틈이, 자주면 더 좋고 규칙적이면 더 말할 나위 없겠지요. 기도, 명상, 산책, 독서, 성찰 등등.

우리 스스로를 분주함에서 차분한 여유로움으로, 요란함에서 조용한 안온함으로 마음을 챙길 때 '내 삶의 주인은 나'임을 더 깨닫지 않을까요? 달리거나 노래할 때에도 숨을 고르는 시간이 필요한 것처럼 우리의 일상적인 삶에도 잠시 발걸음을 멈추고 숨을 고르는 여유를 가져야 합니다. 오늘 여러분들께서도 짬짬이 고독의 시간을 한껏 누리시길 기원 드립니다.

아침의 행복 편지 35 행복은 전염

행복이 과연 소셜 네트워크를 통해 사람들 사이에 전파될 가능성은 있을까요?

2000년 하버드대학교의 니컬러스 크리스태키스와 캘리포니아대학교의 제임스 파울러 교수팀이 매사츄세츠 주 프레이밍엄에 살던 사람 1만 2067명 중 선택한 표본 1020명의 집단을 대상으로 형제와 친구, 배우자들 사이의 유대를 그들의 행복 수준과 함께 면밀하게 조사를 하였습니다. 흥미로운 두 가지 무리 짓기 현상이 나타났습니다.

첫째, 네트워크 내에서 불행한 사람들은 불행한 사람들끼리 함께 모여 있고, 행복한 사람들은 행복한 사람들끼리 함께 모여 있었습니다. 둘째, 불행한 사람들은 사람들의 중심부보다는 주변부 즉 네트워크의 가장자리 부분에 위치한 경우가 많았습니다.

네크워크를 수학적으로 분석한 결과에 따르면, 직접 연결된 사람(1단계 거리에 있는)이 행복할 경우 당사자가 행복할 확률은 15% 더 높아집니다. 2단계 거리에 있는 사람(친구의 친구)에 대한 행복 확산 효과는 10%이고, 3단계 거리에 있는 사람(친구의 친구의 친구)에 대한 행복 확산 효과는 약 6%인 것으로 나타났습니다. 그리고 4단계에서는 그 효과가 거의 사라집니다. 또 우리는 행복한 친구가 한 명 추가될 때마다 그 사람이 행복해질 확률은 약 9%씩 증가하며, 불행한 친구가 한 명 추가 될 때마다 행복해질 확률은 약 7%씩 감소합니다.

참고로 만약 1984년에 한 개인이 임금으로 5,000 달러(2009년 가치로는 약1만 달러에 해당함)를 추가로 더 받을 경우 그 사람이 행복을 느끼는 비율은 겨우 2% 증가하는 데 그친답니다. 그러므로 돈을 조금 더 버는 것보다 행복한 친구와 가족이 있는 편이 행복을 느끼는데 더 효과적인 것이지요. 또한 자신의 감정적 행복을 위해서는 행복한 친구가 더 많이 있는 게 중요합니다.

행복한 사람을 만나면 나 자신도 덩달아 행복해진다는 사실이 입증된 셈입니다. 내 행복감은 가까운 사람들에게 그대로 전파된다는 점에서 나 먼저 스스로 행복해 져야겠습니다. 내 행복이 만나는 사람에게 놀랍게도 행복도를 크게 증진시키고, 행복한 사람들끼리 모여 선순환을 일으킵니다. 행복은 전염!!!

* 이 연구 결과는 니컬러스 크리스태키스외 저 『행복은 전염된다』에서 발췌했습니다.

아침의 행복 편지 36 사람의 혀

'화살은 40~50보 거리의 사람을 죽이지만
사람의 혀는 하늘에 입을 두고 땅을 휩쓴다'
- 유대교 랍비 문헌

탈무드에는 이런 이야기가 있습니다.

어떤 랍비가 자기의 학생들을 위해 만찬을 베풀었습니다. 두 개의 큰 상을 마련하고 양의 혀와 소의 혀로 요리를 만들어 근사한 상을 차렸습니다. 만찬이 끝날 무렵, 오른쪽 상에 있는 음식들이 고스란히 남아 있음을 보고 학생들이 랍비에게 물었습니다.

"선생님, 왜 저쪽 상에 있는 음식은 고스란히 남았습니까?" 랍비가 대답했습니다.
"왼쪽 상의 음식은 연한 양과 소의 혀로 만들었고, 오른쪽 상의 음식은 질긴 혀로 만들었지. 질긴 혀로 만든 음식은 아무도 손을 대지 않더군. 자네들도 혀를 늘 부드럽게 하게나. 질긴 혀의 말은 아무도 듣지 않는다네."

사람의 혀는 그 사람의 인격을 나타내는 맥박이라 할 수 있습니다. 맥박이 건강의 지표 중 하나라면, 사람의 혀를 통해 표현되어 지는 말은 바로 그 사람의 정신 건강을 가늠할 수 있는 지표이지요. 슬기로운 혀는 사람의 마음을 아물게 하고 야수 같은 혀는 상대방 마음에 깊은 상처를 줍니다.

새 한주 내가 지닌 세 치의 혀로 사람을 변화시키고 성장시킬 수 있으면 좋겠습니다.

아침의 행복 편지 37 나눔과 베풂

"우리는 거둬들이는 것으로 생활한다.
그리고 베푸는 것으로 인생을 만들어간다."
- 윈스턴 처칠

행복한 사회의 조건은 모두가 행복한 사회입니다.

인생에서 우리에게 감동을 주는 것은 '우리가 얼마나 많이 거둬들이는가' 가 아니라 '우리가 얼마나 많이 베풀 수 있는가' 가 아닐까요?

우리를 진정으로 감동시키는 사람들은 '세상에 나름 의미 있는 방법으로 베푸는데' 열정적인 사람들입니다. 그들의 재물을, 재능을, 공간을, 시간을, 마음을 필요로 하는 사람들에게 나누는 것이지요. 벌기도 힘들지만 베푸는 것은 더 힘듭니다.

베푸는 이들에게서 공통적으로 발견되는 특징 중 하나는 대부분 성장하면서 부모를 통해 '나눔과 베풂' 을 경험했다는 것입니다.

젊었을 때는 열심히 일하면서 거둬들이고, 나이가 들면서는 지속적으로 이룬 것들을 베풀어 가는 것이 자연의 이치가 아닐까요?

오늘 우리 자녀들과 함께 가까운 이웃에게 정성을 담아 나누는 일을 실천해 봄이 어떠실지요? 하루하루 나이 들며 거둬들이기보다 베푸는 것에 깨어있는 자가 되려는 노력을 기울여 봄이 어떠실지요?

아침의 행복 편지 38

걱정

일상에서 우리들이 겪는 근심 걱정거리는 실제로 문제가 되는 경우가 얼마나 될까요?

심리학자인 어니 젤린스키(Ernie Zelinski)에 따르면, 사람들이 하는 걱정의 40%는 결코 현실 속에서 일어나지 않는 일에 대한 것이고, 30%는 이미 일어난 일에 대한 것이며, 22%는 사소한 일에 대한 것이고, 4%는 우리가 어찌할 수 없는 것에 대한 것이라고 합니다.

결국 우리가 하는 걱정의 96%는 불필요한 걱정이며, 걱정을 통해서 우리가 변화시킬 수 있는 것은 4%에 불과하다는 것이지요. 이처럼 우리는 우리 스스로 불필요하게 고통을 만들어 가는 경향이 있습니다.

실제로 걱정한다고 걱정이 해결되는 것은 아닙니다. 걱정은 말 그대로 걱정일 뿐입니다. 우리는 오늘 이 순간의 일에 대해 걱정하기보다는 내일 일어날지도 모르는 것을 상상하며 걱정합니다.

내일 걱정은 내일에 맡기고, 바로 지금 당장 할 수 있는 일을 행동에 옮기는 지혜가 필요합니다. 지나간 어제를 후회하지 않고 다가올 내일을 미리 걱정하지 않고 오늘을 충실히 살아가려는 다짐 말입니다.

새 아침 "오늘은 새로운 삶이다."라고 외치며, 오늘 해야 할 일 차근차근 시도해보시지요.

시각의 차이

"행복은 환경, 운, 머리가 아니라
상황을 바라보는 시각이 결정한다."
- 류보머스키

자신을 어떻게 바라보고 생각하는 가가 실제 상황에 어떻게 반영되는가를 보면 놀랍습니다.

심리학자 맥퍼슨은 악기를 연습하는 어린이 157명을 장기간 추적 조사해보았더니 9개월쯤 후부터 아이들 간 실력 차이가 크게 나타나는 것에 주목 했습니다. 연습량도 똑같고 다른 조건도 다 비슷한데 왜 이런 차이가 났을까요?

"너는 음악을 얼마나 오래 할거니?"라는 질문에 대한 아이들의 답과 실력을 비교해보았습니다. 평생 연주할 거라는 아이들의 수준은 1년만 하고 그만둘 거라는 아이들보다 무려 4배나 더 높은 실력을 보였습니다.

더욱 놀라운 사실은 평생 하겠다는 아이들의 연습량을 상대적으로 줄여 비교해보아도 실력에 큰 차이를 보였습니다. 평생 하겠다는 아이들은 일주일에 불과 20분씩만 연습하더라도 한 시간 반씩이나 연습하는 다른 아이들보다 실력이 훨씬 더 좋았습니다.

"평생하며 살 거예요"라고 말한 아이들은 스스로 자신을 음악가라고 생각하고 음악에 대해 마음을 활짝 열어 놓고 적극적으로 받아들였기 때문에 특출한 재능을 보이게 된 것입니다. 단적으로 자신을 어떻게 생각을 하느냐에 따라 실제 얼마나 달라지는가를 말해주고 있습니다.

오늘 나 자신과 주어진 상황을 긍정적 시각으로 바라보며 힘차게 지내심이 어떠신지요?

아침의 행복 편지 40

파이크 플레이스

내가 만일 매일 하는 일이 단순 반복적이고, 힘도 많이 들어서 지치고 권태로움을 자주 느낀다면 아마도 행복하기 어렵겠지요? 냄새나고 더럽고 지겨운 일터에서 일약 세계적인 관광명소로 바뀌게 된 곳이 있답니다. 냄새도 나고 지루하고 힘들어서 행복하기 매우 어려운 일상의 현장에서 항상 시끌벅적하고 웃음소리와 고함소리로 마치 파티라도 열린 그런 모습인 곳. 세계 관광객은 물론 심리학자와 경영학자들의 이목을 집중시키는 마켓이 있습니다. 요즈음처럼 서민경제가 어렵고 그저 사회 곳곳이 숫자놀음의 희생자처럼 일해야 하는 우리 처지에서 꿈같은 이야기지만 현실이 될 수 있을 것 같은 실낱 같은 희망을 안겨주는 곳. 언젠가 꼭 방문해보고 싶은 곳, 버킷리스트 중의 하나이죠. 미국 시애틀 파이크 플레이스 어시장입니다.

'펄떡이는 물고기처럼' 일터와 삶에 활력이 넘치고 상인과 관광객 모두 행복할 수 있는 파이크 플레이스 어시장의 비결이 궁금하지요? 자세히 상인들의 태도를 구체적으로 들여다보니 4가지 구체적인 실천 비결이 눈에 띕니다.

① '나의 하루 선택하기' : 자신의 태도를 스스로 결정하는 것. 일터로 들어가면서 오늘 하루를 멋진 날로 만들겠다고 선택. 비록 '내가 어떤 일을 하는가에 있어서는 선택의 여지가 없다하더라도 어떤 방법으로 그 일을 할 것인가에 대해서는 항상 내 선택이다' 라는 마음가짐.

② ‘놀이 찾기’ : 신나게 놀면서 일할 수 있는 방법들을 찾기. 주문 받은 생선을 평범하게 전달하는 법이 없다고 합니다. 주문 받은 생선을 진열장 뒤의 동료에게 던지면, 포물선을 그리며 날아가는 생선을 다른 상인이 멋지게 받아 포장을 한답니다. 가끔은 고객을 카운터 뒤로 초대해 날아오는 생선을 받아볼 수 있도록 하는 이벤트도 벌입니다. 상상만 해도 재미있죠?

③ ‘그들의 날을 만들어주기’ : 상대방과 즐거운 관계형성에 의미를 두는 것. 나를 ‘만나는 사람의 날’ 을 만들어 주려는데 주의를 집중시키는 것. 이것이야말로 나와 상대방에게 지속적이고 긍정적인 감정을 흐르게 한다는 깨달음에 주목.

④ ‘그 자리에 있기’ : 현실에 충실하는 것. 절대로 방심하지 않으며, 눈은 한 순간도 쉬지 않고 고객(상대방)을 바라보는 일.

오늘도 파이크 플레이스의 펄떡이는 물고기처럼 활력 있고 FUN!하게 지내보셔요.

아침의 행복 편지 41

빈 공간

"우리는 바퀴에 많은 장식을 하려고 노력하지만
정작 수레를 움직이게 하는 것은 바퀴의 구멍이다.

우리가 주전자에 이런저런 장식을 하지만
원하는 물을 담게 하는 것은 그 빈 공간이다.

우리가 집을 짓기 위해 몇 시간 동안 나무에 망치질을 하지만
우리를 살 수 있게 하는 것은 그 내부의 빈 공간이다.

우리가 있음과 함께 일하지만
우리가 실제로 사용하는 것은 그 있지 않음이다."

노자의 저서 『노자』에서 인용한 것입니다. 우리들의 일상을 참 여러모로 생각하게끔 해주는 글입니다. 겉과 속이 있음을 잊은 채 겉모습 치장에 온갖 정신이 다 쏠려 사는 것은 아닌지 자문해 봅니다. 본질은 온데간데 없고 현상에 매달려 정작 소중한 것을 잃어가며 살아가고 있는 것은 아닌지 되돌아봅니다.

소유하는 것과 장식하는 것에서 누리는 기쁨과 만족은 잠시이고 순간적일 뿐입니다. 우리가 진정 사는 맛을 느끼려면 내 안에 무엇이 있어야 할까요? 제 생각에 눈에 보이지 않지만 잔잔한 감동을 자아내는 것은 '웃음, 기쁨, 평화, 배려, 조화, 사랑, 연민, 감사' 같은 마음이 아

닐까 싶습니다. 사실 우리가 누군가와 같은 시간과 공간에 있으면서도 무슨 일을 하면서도 왠지 편하지 않고, 때론 고독하고, 슬프고, 공허한 채로 지내는 경우가 얼마나 많습니까?

사람들을 사랑하고 내가 하는 일을 사랑하는 데에 당신에게는 '빈 공간' '있지 않음'이라는 의미가 무엇으로 다가오시나요? 행복한 불금과 주말 보내시길 기원합니다.

명절 분위기

명절은 나이와 성별에 따라 맞이하는 마음가짐이 달라질 것 같습니다. 아이들이야 못 보았던 사촌들도 보고 가끔은 덤으로 웃어른들에게 용돈도 받는 기쁨이 있어 즐거울 것입니다만 어른들은 명절을 지내는 준비와 책임감 때문에 양가 감정일 것 같구요. 특히 여성들에게는 '명절 증후군' 인 약간 우울(?)모드로 일에 대한 부담이 만만치 않아 보입니다.

요즈음의 명절 분위기는 사회환경과 생활환경의 변화로 과거와는 사뭇 달라졌습니다. 역귀성 인구의 증가, 핵가족 중심, 교통체증 우려로 만났다 바로 헤어지는 것은 물론, 명절 연휴를 이용한 해외 여행객 증가등으로, 명절에 대한 의의는 퇴색되고 점점 형식적인 행사로 바뀌어 가는듯한 인상입니다.

하지만 세상이 바뀌고 세태가 바뀌어도 달라지지 않는 것은 명절에 만나게 될 가족들 간의 '관계' 여하에 따라 그 분위기가 매우 달라질 것이라는 것이지요. 서로 주고받는 대화에 상대가 머무를 수 있는 '관계의 공간' 이 충분히 있고, 대화의 행간에 여유가 어느 정도 있어야 편안함으로 만날 수 있을 테니까요.

명절 동안 이것만큼은 명심하시면 어떨는지요? 상대방에게 건네는 자신의 말투, 어휘를 잘 살펴보면서 서로를 껴안아주기 말입니다.

내가 설령 웃어른이라서, 내가 그동안 피해자라서, 나만큼 가족을 위해 노력한 사람이 없어보일지라도 어떤 상황에서든 내 의견을 전하는 말과 태도가 상대에게 어떻게 느껴질는지 관찰해보면 좋겠습니다. 오랜만에 만나는 것이기에 다른 때보다도 더 말투와 어휘를 조심해서 써야 할 것 같습니다. 상대방의 상황을 내 입장에서만 근거 없이 추측하고 단정하는 일, 내가 느끼는 감정을 상대방에게 강요하는 일, 부정적 과거 이야기를 지나치게 하는 일 등은 삼가시는 게 좋을 듯싶습니다.

가족은 의외로 서로 머무를 수 있는 '관계의 공간'이 좁습니다. 이해해줄 거라 믿기에 기대도 크지만 실망이 커서 분노를 키워갈 수 있는 관계이기 때문이지요. 그 분노는 서로가 머물 수 있는 공간을 만들지 못한 채 서로의 아픔과 상처로 남습니다. 가족 서로가 머물 수 있는 공간을 만들어주는 말! 따뜻하고, 부드럽고, 수용적이고, 어루만져주고, 기다려주고, 껴안아주는 말을 상대에게 전한다면 명절 또한 더 따뜻하고 밝아지지 않을까요?

행복한 명절 지내시길 빕니다.

아침의 행복 편지 43 나를 사랑하는 것

사람에게는 누구나 고유한 오직 그 사람에게만 나타나는 문양, 지문을 가지고 있습니다. 이는 내가 이 세상을 통틀어 어떤 다른 사람들과도 구별되는 유일한 사람임을 나타냅니다. 나는 나만의 고유성을 지니고 있어서 다른 사람의 이미지를 덧쓴 채 살 필요가 없습니다. 그런데 많은 사람들은 자신이 고유한 존재라는 사실을 확신하지 못해 심각한 문제들을 스스로 만들며 삽니다. 스스로를 규격화된 틀 속에 끼워 맞추며 남들과 똑같아지려고 애씁니다.

자신이 고유한 존재라고 인정하고 확신할 때, 스스로를 다른 누군가와 비교하는 행위를 멈추고, 나 자신을 판단하고 처벌하는 행위를 중단할 수 있습니다. 나 자신을 고유한 존재라고 인정하는 것은 나 자신의 모든 부분을 존중하고 그 부분들을 적극적으로 받아들이는 것입니다. 내가 나 자신을 가치 있게 여기며 나 자신을 사랑하는 것입니다.

자신을 좋아하고 가치 있다고 생각할 때 좋은 인간관계와 애정 깃든 행동은 물론 자신의 일을 의욕적으로 할 수 있습니다. 반면에 자신을 가치 있게 여기지 않는 사람은 다른 누군가가 그 가치를 자신에게 부여해 주기를 기대합니다. 이 기대는 끝없이 다른 사람을 조종하려 하고, 때로는 지나치게 눈치를 보기도 하고, 비위를 맞추려합니다. 결국은 양쪽 모두에게 기대에 어긋난 결과를 낳습니다. 자신을 사랑하지 않는 사람은 친구보다 적을 더 많이 만들고, 실망과 증오 같은 부정적 감정의 노예로 일상을 살아가기 쉽습니다.

혹시 내가 지금 누군가 나에게 씌어준 이미지에 갇혀 고단한 삶을 살고 있지 않은지 돌아보면 좋겠습니다. 우리나라 국민들의 행복지수가 유독 낮은 것도 어쩌면 다 동일한 덫에 걸려 만족하지 못하고 남과 비교하고 상대적으로 박탈감을 느끼며 살기 때문인지도 모릅니다. 모든 것은 나를 인정하고 가치 있다고 여기는데서 시작됩니다.

아침의 행복 편지 44 다작(多作)

한 도예교사가 한 그룹의 학생들에게는 그들이 만들어 내는 도자기의 양을 기준으로 점수를 매기겠다고 했습니다. 예컨대 한 학생이 만든 도자기의 총량이 총 50파운드면 'A', 40 파운드면 'B'를 받게 됩니다. 반면에 다른 그룹의 학생들에게는 학기말에 자신이 가장 잘 만들었다고 생각하는 도자기 한 점을 제출하면 그 질적인 측면을 보고 평가하기로 했습니다. 학기말에 제출된 도자기 중 가장 우수한 작품들은 어느 그룹에서 나왔을까요? 이유는 왜 그럴까요?

데이비드 베일즈와 테드 올랜드가 공저한 『예술가여, 무엇이 두려운가! : Art and fear』에 소개된 일화입니다. 가장 질적으로 우수한 작품들은 모두 양을 기준으로 평가하기로 한 그룹에서 나왔습니다. 이 그룹에 속한 학생들은 수없이 많은 작품들을 만들면서 시행착오를 통해 배울 수 있었습니다. 반대로 질을 기준으로 평가하기로 한 그룹의 학생들은 완벽한 도자기를 어떻게 만들 수 있는지 고민하느라 정작 실제 도자기를 빚는 데는 소홀했던 것입니다.

미술가 피카소와 뒤뷔페, 음악가 슈베르트와 모차르트 모두 다작(多作)으로 유명합니다. 무언가를 얻으려면 그 안으로 뛰어들어 많은 것을 시도해야 합니다. 처음부터 완벽을 기하려 하기보다 기준을 낮게 잡고 그 일에 열정을 쏟는 노력이 필요합니다. 인간관계도 일을 하는 것에서도 같은 원리입니다. 사람 만나는 일도 처음에는 어색할 수 있지만 시간이 갈수록 여유가 생기고, 일도 서툴지만 반복해서 하다보면

숙련가가 됩니다.

기억하시지요! 모든 좋고 위대한 것들은 무언가를 시작하는데서 비롯된답니다. 그동안 망설이던 무언가가 있었다면 오늘 당장 시작하는 결심을 해보심이 어떨지요?

아침의 행복 편지 45 텅빈 항아리

'진흙으로 항아리를 빚는다. 그러나 항아리를 쓸모 있게 하는 것은 텅 빈 속이다.'

우리는 일상을 통해 마치 항아리를 빚는 것처럼 무언가를 만들고 이루기 위해 바쁘게 이리저리 뜁니다.

하지만 무언가 만들고 이룬 것들이 진정 쓸모가 있으려면 그것으로 만들어내는 '텅 빈 속' 이 반드시 있어야 합니다. 당신에게는 그 '텅 빈 속' 이 무엇입니까?

항아리는 외형이 중요한 것이 아니라 무언가를 담아낼 수 있는 '빈 공간' 이 중요하다면, 각자 자신의 삶을 아우르는 '빈 공간' 은 무엇입니까?

오늘도 항아리를 빚어가는 당신! 가정에서, 일터에서, 사람들과의 관계에서, 자녀교육에서, 진정 빚어내려는 '빈 공간' 을 가끔은 침묵 속에서 생각해 보심이 어떨지요? 수단과 목적이 혼돈되거나 뒤바뀌지 않기 위해서 말입니다.

아침의 행복 편지 46 건강수칙

삶에 활력을 불어 넣어주고, 정신적 건강을 유지하는 데 도움이 될 만한 것은 무엇이 있을까요? 평범하면서도 보편적인 건강수칙임에도 바쁘다는 핑계로 놓치기 쉬운 것들입니다.

1. 과일, 야채, 잡곡 등 **건강한 음식 섭취**
2. 대략 하루에 8 시간 정도의 **충분한 수면**
3. 공동체의 **소속감**
4. 가족과 친구들로부터의 **지지**
5. **활동적인 삶**
6. 명상, 산책, 독서, 음악 감상 등 **자신을 위한 시간 내기**
7. 긍정적으로 즐겁게 생활하기

봄꽃 소식이 왔건만 시샘이라도 하듯 꽃샘추위가 연일 이어지고 있습니다. 개인적으로 하루하루 가장 필요하다고 느끼는 것을 구하고 실천하면 좋을 듯싶습니다.

아침의 행복 편지 47 좋았던 일

캘리포니아 대학의 심리학자 로버트 엠몬스 교수는 성인 1,000 명을 대상 무작위로 세 그룹으로 나누어 매일 일기를 쓰는 과제를 주었습니다. 그 중 첫 번째 그룹에게는 자신의 기분을 1~6 사이의 숫자로 표시하라고 했고, 두 번째 그룹에게는 그날 짜증났던 일의 목록을 함께 작성하라고 했고, 세 번째 그룹의 사람들에게는 하루 중 좋았던 일을 모두 기록하라고 했습니다. 그리고 후에 전반적인 행복 수준을 조사하였습니다.

결과는 세 번째 그룹에 속한 사람들의 행복 수준이 증가하였으며, 이 그룹의 사람들이 다른 그룹의 사람들 보다 운동 시간도 더 늘어났으며 의료검진을 더 자주 받았고, 심지어 자외선 차단제도 더 많이 사용한 것으로 나타났습니다.

행복한 사람이 건강을 잘 유지하는 것은 놀랄 일이 아닙니다. 행복한 사람들은 일상에서 좋은 일을 자주 생각하고, 자신을 잘 돌봅니다. 그들이 그렇게 사는 이유는 자신감에 차 있는 경우이기도 하지만 좋은 것을 망치고 싶어 하지 않기 때문입니다. 선순환인 셈이지요.

아침에 기상할 때, 하루의 일과를 마치고 잠에 들기 전에 '좋은 일' '감사할 일' '이루고 싶은 일' 등 긍정적인 것들을 떠올리는 습관을 가져보십시오. 아마도 인간관계, 일, 가족, 그리고 공동체에 더 관심을 기울이는 여유가 생길 것입니다. 그런 사람들이 모여 사는 사회! 우리가 꿈꾸고 만들어 가야 할 사회입니다.

아침의 행복 편지 48 초점의 오류

사람들은 흔히 자신이 행복하지 않은 이유를 들 때면, 자신에게 없는 것을 들어 불평불만을 털어 놓습니다. 'OO' 이 있다면 행복할 거라고 말입니다. TV 드라마에 비치는 넓고 환한 집이 있다면, 남들처럼 고급차를 가지면, 잘 생긴 남편과 아내랑 산다면, 연봉이 얼마 이상이면, 명품가방을 가지면, 성형 수술을 한다면… 등등.

이는 남들의 돈과 화려함과 같은 겉모습만을 보고 실제 그들의 이면 생활과 처지를 알지 못한 채 막연한 부러움을 갖고, 자신의 현재 처지를 비관하는 것입니다. 심리학자들은 어느 한 면에만 집중한 나머지 다른 부분을 무시하는 현상을 '초점의 오류' 라고 부릅니다. 우리 스스로 불행한 이유 중의 하나가 바로 그와 같이 어느 한 부분이 너무 부러워 다른 부분들을 미처 보지 못하거나 무시해 버린 탓은 아닌지요?

우리들은 남의 떡이 커 보이는데 쉽게 현혹되기 쉽습니다. 남의 떡을 부러워하기보다는 내 떡을 찾아 맛있게 즐길 수 있어야 합니다. 남의 행복을 부러워하기 보다는 자기 행복을 찾아야 합니다. 늘 다른 사람의 행복만을 부러워하면 행복은 언제나 멀게만 느껴집니다.

나 스스로 '초점의 오류' 로 인해 현재 지니고 누리며 사는 것에 대한 만족감과 감사함을 잃어버린 것은 아닌지 자문해 보심이 어떨지요?

아침의 행복 편지 49 **자연의 치유**

"책에서 배우는 것보다 숲에서 배우는 것이 더 많다.
숲과 돌은 어떤 스승한테서도 들을 수 없는 것을 가르쳐 준다."
- 클레어보의 버나드

현자들은 우리 인생을 보다 여유롭고 행복하게 살기 위해서 자연을 자주 접하라고 권합니다. 우리가 숲속을 거닐거나, 파노라마처럼 전개되는 바다를 보거나, 해 뜨는 동녘이나 저녁노을이 보이는 풍경을 바라보거나, 산과 계곡이나 탁 트인 벌판을 바라볼 때 긴장도 완화되고 마음이 평온해 집니다.

텍사스 A&M 대학교 로저 울리히 교수는 병원에 입원한 환자들을 대상으로 흥미로운 연구를 했습니다. 창문 너머로 나무를 볼 수 있었던 환자가 벽돌을 마주해야했던 환자들에 비해 회복률이 더 높았고 수술 후 후유증도 더 적었다는 것을 밝혔습니다. 그는 또 다른 연구에서 사무실에 식물이 있을 때 남자들은 아이디어를 15% 가량 더 많이 떠올리고 여자들은 문제에 대해 좀 더 창의적이고 유연한 해결책을 찾아낸다는 사실을 발견했습니다.

자연을 접하면 우리 몸은 가장 편안함을 느끼며, 오감을 자극하는 자연은 스트레스에 효과적입니다. 틈을 내어 대자연을 접하는 일, 창문 너머로 꽃과 나무가 보이도록 실내 환경을 조성하는 일 모두 우리 마음을 순화시키고 보다 지혜로워 지는데 효과적입니다.

행복한 사람들은 어떤 처지와 상황 속에서도
문제라 여기지 않고 기회로 본다.

즉, 행복한 사람들에게는
일상에서 겪는 크고 작은 어려움이 문제가 아니라
새로운 도전과 기회가 되는 것이다.

행복한 사람들은
자신을 피해자로 생각하지 않으며,
남의 잘못이나 상황을 탓하지 않는다.

며칠 전 밤에 동학사 벚꽃 구경을 다녀왔습니다. 비바람에 꽃이 지기 전 가까운 곳으로 꽃구경 다녀오심이 어떠실지요? 혹은 실내에서 잘 자라는 화분을 구해 거실 창 넘어 베란다에 놓아두시는 여유! 좋지 않을까요?

완행열차

제가 매주 상경할 때 이용하는 KTX와 무궁화 열차를 타면서 이런 생각이 하나 들었습니다. '무궁화 열차는 지속되어야 하고, 있는 한 최대한 이용 해야겠다!' KTX가 개설된 이후 갈수록 새마을호와 무궁화의 배차는 줄어들고 있습니다. 아무래도 기업 측에서는 엄청난 건설비용의 빠른 환수를 위해 고수익인 열차를 대중화하는 게 당연하겠지요. 하지만 KTX를 타면 무궁화 열차만큼 풍경의 아름다움을 느낄 수 없습니다. 너무 빠른 속도로 달리기 때문에 목적지에 빠르게 도착하는 장점과는 달리 파란 하늘과 넓은 들판, 푸른 초목들과 같은 바깥 풍경을 여유롭게 볼 수가 없습니다.

항상 바쁘고 숨 가쁘게 사는 우리들의 일상 모습이 꼭 인생에서도 초고속 열차를 타고 달리는 듯한 느낌을 받습니다. 그렇게 서두르며 바쁘게 사는 이유가 뭘까? 남보다 더 많은 것을 이루고 더 많이 소유하기 위해서일까? 그러면 실제로 행복의 길에 안착할까? 자문해 봅니다.

끝없이 달려와 막상 최종 목적지라 생각한 곳에 도착했을 때 느끼는 기쁨은 오래 가지 않고 되레 왠지 공허감이 든 적을 기억합니다.

행복심리학자들은 행복한 삶을 위해서는 인생의 완급 조절이 꼭 필요하다고 권합니다. 성취를 위해 고속으로 질주할 때와 속도를 늦추고 인생의 아기자기한 즐거움을 음미할 때를 잘 구별해야 한다고. 우리 자녀들의 교육에 있어서도 예외는 아닙니다. 자녀들의 모든 생활은 명문대학 진학에 초점을 두어 무한 질주를 하도록 짜여 있어서 정작 행복하게 사는 법을 배울 기회를 갖지 못합니다. 행복한 삶을 위해서는 긍정적인 정서를 자주 느끼는 것이 중요하다고 합니다.

편안하고 고요하고 평화로운 마음, 기쁜 마음, 가까운 사람에게서 느끼는 사랑의 마음, 어떤 활동을 하면서 느끼는 즐거움과 재미, 감사함과 축복 받은 느낌, 자연의 웅대함과 아름다움에 대한 경외심, 좋은 일이 있을 걸(잘 될 거라) 기대하는 마음, 무언가를 깨닫고 배우는 유쾌한 마음, 자신에 대한 만족스러운 느낌 등등.

아무리 바쁜 일상을 살아가면서도 가끔은 완행열차를 타서 차창에 비치는 풍경도 바라보고, 우리들의 이웃인 할아버지 할머니 아주머니 학생들 아이들을 만나서 충분히 느껴보는 일이 필요하지 않을까요? 미래의 행복 못지않게 현재 누릴 수 있는 행복도 잠시 머물러 느껴보는 여유가 있어야 하지 않을까요?

새 한주 완행열차 타고 가듯 일상에서 잊었던 여유를 되찾으시며, 앞서 언급한 긍정적인 정서들을 음미해 보심은 어떨지요. 행복한 4월 막바지입니다.

아침의 행복 편지 51

감정의 전염

미국의 한 연구팀이 대학에 입학해 기숙사의 같은 방을 쓰는 103쌍의 신입생들을 대상으로 다른 사람의 감정에 쉽게 영향을 받는 이른바 '인지적 취약성(cognitive vulnerability)'이 가까운 사람에게 얼마나 영향을 미치는지를 관찰 조사하였습니다.

그 결과 인지적 취약성 수준은 룸메이트의 인지적 취약성 수준에 크게 영향을 받는 것으로 나타났습니다. 이 같은 감정의 전염 현상은 같은 방을 쓴 지 3개월만 지나면 나타나는 것으로 관찰됐습니다.

첫 3개월 동안 인지적 취약성이 심해진 이들은 그렇지 않은 이들에 비해 6개월째에 우울증을 보일 확률이 2배 가까이나 더 높은 것으로 나타났습니다. 이런 현상은 특히 참가자들이 스트레스가 심한 상황 하에 있을 때 더욱 심했습니다.

이런 연구 결과가 시사하는 바는 기숙사 룸메이트 간에 부정적인 생각도 감기처럼 전염된다는 사실입니다. 우리들은 혼자가 아니라는 점이죠. 서로 가깝게 지낼수록 서로 의도하든 의도하지 않든 영향을 주고받고 있는 셈이지요.

내 자신이 평소 긍정적인 생각과 느낌을 가지려 노력해야할 이유이기도 합니다. 평소 우울하고 남을 이용하고 헐뜯는 사람들을 만나는 것보다 밝고 명랑하며 위로와 지지를 건네는 사람들과 자주 어울리는 것이 정신건강에 도움된다는 과학적 입증이기도 합니다. 나는 부모(자녀)로서, 친구로서, 동료로서 어떤 모습으로 인생의 동반자들께 어떤 영향을 미치고 계신가요?

오늘도 긍정적이고 좋은 마음의 행복바이러스를 많이 전하는 메신저 역할이 하심이 어떨지요?

낙관과 현실직시

세계적 경영학자 짐 콜린스가 자신의 저서 『좋은 기업을 넘어 위대한 기업으로(Good to Great)』에서 소개하여 유명해진 스톡데일 패러독스(Stockdale Paradox)!!

베트남 전쟁 당시 하노이 포로수용소에 수감된 병사들 가운데 미군 최고위 장교였던 스톡데일 장군은 수용소에 갇혀 있던 8년 동안 큰 고초를 겪으면서도 가능한 한 많은 포로들이 살아서 고향으로 돌아갈 수 있도록 만든 전쟁 영웅입니다.

그에 따르면, 수용소에서 살아남은 사람들은 낙관주의자가 아니라 현실주의자들이었다고 합니다. 낙관주의자들은 다가오는 크리스마스에는 나갈 수 있을 것이라고 생각하다가 그렇게 되지 않자 부활절에는 나갈 수 있을 것이라고 주장하는 등 근거 없는 희망만 품다 결국에는 상심해 죽어갔다고 합니다. 반면, 현실주의자들은 크리스마스 때까지는 나가지 못할 것이라고 생각하면서도 동시에 언젠가는 나갈 수 있을 것이라는 믿음을 잃지 않아 결국 살아남을 수 있었다고 합니다.

스톡데일 패러독스는 우리가 아무리 어려워도 결국에는 성공할 것이라는 믿음, 결단코 실패할 리 없다는 믿음을 잃지 않으면서, 동시에 그것이 무엇이든 눈앞에 닥친 현실 속의 가장 냉혹한 사실들을 직시해야 한다는 성공 방정식을 가르치고 있습니다. 낙관과 현실직시 둘다 필요하다는 이야기죠.

우리는 크리스마스 때까지는 나가지 못할 거라면 그에 대비해야합니다. 하지만 언젠가는 지금의 고통에서 벗어나리라는 믿음을 잃지 않으면서 말입니다.

아침의 행복 편지 53 따뜻하고 긍정적인 '퇴적층'

이제 얼마 있지 않으면 봄이 와 겨우내 꽁꽁 얼었던 대지가 녹고, 칙칙한 초목은 아름다운 색깔 옷을 입기 시작할 것 같습니다. 늘 그랬던 것처럼 가끔은 봄을 시샘하듯 졸업과 입학 시즌에 맹추위가 한번쯤 더 오려나요? 얼마 남지 않은 봄소식을 기다리며 들로 산으로 나물 캐고 나무를 심으러 다니는 때를 상상해 봅니다. 문득 이런 생각을 해보았습니다.

삽으로 땅을 파면 어떤 곳은 황토, 또 어떤 곳은 부엽토 등 장소에 따라 흙이 매우 다름을 발견합니다. 어떤 경우는 땅을 팠을 때 시루떡처럼 겹겹이 서로 다른 층을 이루어 만들어진 '퇴적층'이 있기도 합니다. 그 퇴적층은 마치 나무의 나이테처럼 흙이 만들어진 과거의 역사를 고스란히 압축해서 기록하고 있는 셈이죠.

사람도 마찬가지로 시간과 공간이라는 물리적인 제한 속에서 자라고 생활하게 됩니다. 한 사람의 말과 행위, 태도, 습관들을 보면 그 사람의 지나온 환경을 미루어 짐작할 수 있습니다. 그 사람의 말하는 방식, 생각하는 방식, 해석하는 방식 등은 사실 어릴 때부터 주위 사람들과의 관계에서 모두 터득하는 것입니다.

사람들이 사람들과의 관계 속에서 아파하고 괴로워하는 곳에는 공통적으로 '돌봄의 시간과 공간'의 부족, '이해의 시간과 공간'의 부족, '지지와 격려의 시간과 공간'의 부족이 깃들여 있습니다. 많은 경우 우리가 생활하는 공간이 따뜻한 돌봄 대신 차가운 홀대와 무시가 자리하고 있고, 이해 대신 무관심과 곡해가 자리하며, 지지와 격려 대신 지탄과 비난 경멸이 있게 되면 심리적으로 위축되고 늘 근심과 불안이라는 그림자를 벗어나기 어렵습니다.

오늘 우리는 주어진 시간과 공간 속에서 '돌봄' '이해' '지지와 격려'를 통해 상대방의 마음에 따뜻하고 긍정적인 '퇴적층'을 만들어 드리면 어떨까요? 사람들이 강한 면도 있지만 의외로 연약한 부분이 있습니다. 상큼한 한주 행복한 한주 되시길 빕니다.

아침의 행복 편지 54

색깔의 심리

아직은 아침저녁으로 일교차가 커서 감기를 조심해야하지만 봄소식은 한결 우리 곁에 다가오고 있습니다. 요즈음 백화점의 여성 패션코너를 가보면 유난히 파스텔톤의 핑크빛, 노란색, 연한 연두색 등 밝은 색 옷들이 대세입니다. 색채는 과연 우리들에게 어떤 영향을 줄까요?

미국의 로체스터대 앤드루 엘리엇 박사와 그의 동료들은 작업 환경의 색깔이 창조성에 영향을 미친다는 사실을 발견했습니다. 연구팀은 실험 참가자들에게 애너그램(단어나 어구의 철자 순서를 바꿔 다른 단어나 어구를 만드는 게임, 예 time → emit, mite)이 들어 있는 책자를 줬습니다. 책자 각 페이지 구석에는 빨간색이나 초록색 펜으로 실험 참가자들의 개인 번호를 적어 놓았습니다. 그리고 실험 참가자들에게 개인 번호가 맞는지 확인해 보라고 한 뒤에 문제를 풀게 했습니다.

놀랍게도 빨간색 숫자를 본 사람들은 초록색 숫자를 본 사람들에 비해 문제를 3분의 1밖에 풀지 못했습니다. 또 초록색을 미리 본 실험 참가자들이 창조적인 아이디어를 더 많이 냈습니다. 단지 특정 색깔을 보여주기만 해도 창조성을 방해하거나 자극할 수 있다는 사실이 밝혀진 것이지요. 신호등을 떠올려 보면 알 수 있듯이 빨간색은 대개 위험이나 실수와 관련한 느낌을 줍니다. 반면 초록색은 긍정이나 편안한 느낌과 연관되지요. 연구팀은 창의적인 환경을 만들려면 식물 등을 활용해 주변을 초록색으로 바꾸라고 조언합니다.

외적인 삶에 색채를 가미하면 내면도 밝아집니다. 색채가 우리의 기분과 행동, 그리고 일의 능률에 영향을 미치기 때문이지요. 환경을 바꾸면 기분을 바꾸는데도 도움이 되는 것과 마찬가지 이치겠지요. 이는 우울한 기분을 바꾸기 위해 환경을 바꾸는 것도 한 방법임을 시사합니다.

봄을 맞아 벽을 밝고 상큼한 색으로 도배를 하거나, 책상위에 녹색 식물 화분을 올려놓아보십시오. 여성이면 빨간색 셔츠나 노란색 파스텔톤 원피스를 입어보고, 남성들 같으면 화려한 넥타이에 밝은 색 캐주얼 자켓을 입어보면 어떨지요?

행복과 문화생활

많은 학자들의 연구 주제! 사람을 행복하게 만드는 요인들은 무엇일까입니다. 최근 미국의 온라인 과학전문 뉴스 사이트인 라이브 사이언스가 과학으로 검증된 '사람이 행복해지는 6가지 방법'을 보도한 바 있습니다. 오늘은 그 첫 번째 '문화생활을 즐기는 사람이 행복'하다는 점을 소개합니다.

첫 번째로 문화생활의 영위 여부입니다. 2011년 '전염병학과 공동체 건강 저널(Journal of Epidemiology & Community Health)'에 실린 연구에 의하면 행복에 영향을 미치는 수입 등 다른 요소들과 상관없이 예술이나 문화 활동을 즐기는 사람이 그렇지 않은 사람들에 비해 스스로를 보다 행복하고 건강한 사람이라고 느끼는 것으로 밝혀졌습니다.

노르웨이 과학기술대 콘라드 카이퍼스 교수팀이 5만여 명을 대상으로 문화생활을 즐기는 것과 삶의 질 등에 대해 설문조사를 한 결과, 문화생활을 즐기는 사람이 행복도와 삶의 질이 높은 것으로 나타났습니다. 6개월 동안 5번 이상의 문화생활을 즐기는 사람의 91%가 자신의 삶에 만족한다고 답했으며, 6개월 동안 1번만 문화생활을 즐긴 사람은 84%에 그쳤습니다.

연구팀은 "문화생활을 하면 정신과 면역체계 등에 긍정적인 영향을 미치고, 스트레스 수치 또한 줄여준다"고 설명합니다. 이 연구에서 정의된 문화생활이란 박물관, 미술관, 연극, 영화 관람 등을 말하며, 스포츠, 노래, 춤 등도 포함됩니다.

행복한 사람이 문화생활을 더 많이 하기 때문일 수도 있고, 반대로 문화생활을 해서 더 행복하게 느낄 수도 있다는 점에서 인과관계는 불명확합니다. 하지만 분명한 것은 문화생활을 누리며 사는 삶이 더 행복하다는 것입니다. 흥미로운 점은 특히 여성보다 남성의 경우 문화생활이 더 긍정적인 영향을 준다는 점입니다. 문화생활을 즐기는 남성의 경우 여성에 비해 삶의 질과 행복도가 더 높다는 연구결과가 있는 만큼 미혼인 여성의 경우 남성을 만날 때 '문화생활을 즐기는 남성을 고르는 것을 강추 합니다. 갸우뚱 하실 남성이 계시다면 이번 달 봄맞이 기념으로 예술문화 활동에 직접 참여하심이 어떨지요?

아침의 행복 편지 56

행복과 반려동물

우리를 행복하게 하는 것이 무엇일까요? 앞서 문화생활을 하는 것이 행복에 중요하다는 사실이 밝혀졌는데 과학으로 검증된 행복요인 6가지 중 2번째 이야기입니다.

두 번째로 반려동물을 키우는 사람이 대체로 더 행복하게 느낀답니다. 요즈음 핵가족 시대를 맞은 이래 가정에는 가족 수의 급격한 감소와 홀로 지내는 사람들의 증가로 각 가정마다 애완동물을 구입하여 제 2의 가족처럼 지내는 경우가 늘고 있습니다.

2011년 온라인 잡지, 성격 및 사회 심리학지(Journal of Personality and Social Psychology)에 실린 연구에 따르면 애완견을 키우는 사람들은 강아지로 인해 소유감과 자부심을 느끼게 되는 것으로 나타났습니다. 이 연구에서 강아지는 주인에게 마치 거부감이 없는 친구와 같은 존재로 여겨진다는 것입니다. 그 밖에 반려 동물을 키우는 장점에 대한 실험 연구는 많습니다.

미국 로욜라대 간호학과 연구진은 인공관절 수술을 받은 뒤 회복기간 중인 환자들을 대상으로 반려견과 생활한 그룹과 그렇지 않은 그룹의 진통제 사용량을 비교했는데 반려견과 지냈던 환자의 진통제 사용량이 절반 정도에 불과한 것으로 나타났습니다.

연구진은 "애완동물과 같이 시간을 보내면 웃는 시간이 늘어 엔도르

핀이나 엔케팔린 같은 통증을 줄이는 신경전달물질 분비가 증가하기 때문으로 추정된다"고 설명했습니다. 반려동물을 기르면 진통제 복용량을 줄일 수 있습니다.

미국 노스웨스턴대 의대 연구진은 사람과 개가 함께 운동하면 양쪽 모두 이익이라는 연구결과를 2006년 학술지 '비만(Obesity)'에 게재했습니다. 연구진은 과체중인 92명을 대상으로 1년 동안 다이어트 프로그램을 진행했지요. 주 3회, 한번에 30분씩 걸으면서 동시에 식사조절 상담을 받았습니다. 92명 중 36명은 개와 같이 걸었습니다. 1년 뒤 몸무게를 측정한 결과 혼자 운동한 사람은 평균 2.1kg, 개와 같이 운동한 사람은 평균 5kg의 체중이 빠졌습니다. 도우미 개와 함께 있으면 조금이라도 더 움직이기 때문입니다.

다른 이웃들에게 피해를 주지 않는 범위에서 키운다면 반려동물은 우리의 행복지수를 높여주는 귀염둥이들입니다.

아침의 행복 편지 57

행복과 성격

사람이면 누구나 추구하는 행복! 과연 무엇이 사람을 진정 행복을 느끼게 하는가? 3번째 이야기입니다.

세 번째는 외향적 성격의 사람이 그렇지 않은 사람보다 더 행복합니다. 2011년 6월 "성격과 개인차(Personality and Individual Differences)" 학술지에 실린 논문에 의하면 성격이 적극적이고 외향적인 사람이 더 행복한 이유는 지나간 일을 긍정적으로 생각하기 때문이며, 또 행복한 것을 많이 기억하거나 좋지 않은 기억도 낙관적으로 생각하는 것이 살아온 인생과 앞으로 살아갈 인생 모두를 행복하게 한다고 분석했습니다.

외향적인 사람이 행복을 느끼는데 유리한 점은 그리움을 갖고 과거를 회상하는 경향이 있기 때문이라고 합니다. 행복한 것들을 많이 기억하거나 좋지 않은 기억도 낙관적 관점을 통해 좋게 기억하는 것은 인생을 보다 행복하게 만드는데 도움이 됩니다. 파티에서 잘 어울리지 못하는 사람이 돋보이기는 어려운 일이지요. 외향적 사람들로부터 행복해지는 방법을 배울 수 있는데 그것은 지나간 일을 긍정적이고 좋은 방향으로 생각하는 방법 중 하나입니다.

적당히 그리워하십시오. 마음속에 아무런 감정도 담지 않고 사는 것은 결코 행복을 가져다주지 않는답니다. 행복한 것들을 많이 기억하거나 좋지 않은 기억도 낙관적 관점을 통해 좋게 기억하는 것은 인생을 보다 행복하게 만드는데 도움이 됩니다.

오늘은 지난날 행복했던 시절을 구체적으로 그리워하시며, 언젠가 또 다른 그리움으로 다가갈 좋은 추억을 만들어 보심이 어떨지요? 봄볕이 한층 우리에게 다가왔습니다.

아침의 행복 편지 58

행복과 감사

과학으로 검증된 '사람을 행복하게 만드는 요인'에 대한 4번째 이야기입니다.

네 번째는 감사함입니다. 적극적인 사고방식은 사람을 행복하게 만드는데 큰 역할을 합니다. 사람을 행복하게 만드는 것과 관련한 과거 51개 연구 결과를 분석해 2010년 임상심리학지(Journal of Clinical Psychology)에 발표한 논문은 매우 흥미롭습니다. 매주 자신에게 일어난 좋은 일 세 가지를 기록하는 습관이 삶을 훨씬 더 행복하게 만들었다는 사실입니다. 또, 다른 사람에게 감사하다는 편지를 쓴 사람은 자신이 보다 행복해지는 느낌을 수 주간 지속적으로 느낄 수 있었습니다. 재미있는 사실은 감사의 편지를 보내지 않더라도 쓰는 행위 자체만으로도 행복감을 높여주었습니다. 좋은 일을 더 많이 생각하고, 매사에 감사하는 생활습관이 보다 행복해지는 지름길이라는 것이지요.

행복감을 높이는 비결은 개인이 스스로 통제할 수 있는 내적 환경을 잘 조성함으로써 가능합니다. 우리는 지난 세월을 살아오면서 주변의 가족과 동료 그리고 많은 친구들에게 감사할 일이 많음에도 그것을 생각해보거나 감사를 표현하지 못한 채 그냥 살아가고 있는 경우가 대부분입니다. 감사한 마음을 되새기고 표현하는 것은 내 스스로 선택하고 통제할 수 있는 일입니다.

새로 시작되는 한주 가까운 분들의 고마운 일들을 떠올려 보고, 감사한 마음을 전화하거나 편지를 쓰거나 가능하면 찾아뵙고 인사를 드리는 일을 행해 보심이 어떨지요? 아마도 감사의 마음을 전하는 내 자신은 물론 뜻밖의 기쁜 소식을 듣는 상대방도 가슴 벅차게 피어오르는 행복감을 느낄 수 있을 것입니다. 역시 착한 일을 하고, 감사하며 사는 것이 스스로를 위해 가장 좋은 방법이라는 것이 과학적으로 검증된 셈입니다. 행복한 한주 만드시길 빕니다.

아침의 행복 편지 59 행복과 이타심

행복으로 여는 아침, 오늘은 과학으로 검증된 '사람을 행복하게 만드는 6가지 요인' 중 5번째 이야기입니다.

다섯 번째는 이타심을 키우십시요. 자신을 위해 쓰는 것보다 다른 사람에게 뭔가를 돌려주면 그 대가로 행복을 얻게 됩니다. 2008년 사이언스지에 실린 논문에서는 자신을 위해 쓰는 것보다 다른 사람에게 돈을 나눠줄 때 행복이 더 커지는 것으로 나타났습니다.

2011년 건강심리학(Health Psychology)지에 실린 연구 결과에 따르면 사심 없이 남을 돕는 사람이 더 오래 사는 것으로 밝혀졌습니다. 이타주의는 인간관계도 보다 강화시키는데 2006년 연구에서 이타적인 사람일수록 더 행복한 결혼생활을 영위하는 것으로 조사되었습니다.

위와 같은 논문들에 의하면 "다른 이들을 더 많이 생각할수록, 우리는 더 많이 행복해 진다."는 사실입니다. 이전보다 더 긴밀한 협력이 필요한 네트워크 사회에서 배려와 이타심은 우리를 더 건강하고 행복하게 만드는 도구인 셈이지요.

삶의 기쁨과 행복이 어디에서 오는가에 대한 정답은 없습니다. 분명한 건 소유만으로 행복해지지는 않는다는 사실입니다. 우리 마음에 내면의 평화를 깃들게 하고 행복감을 가져다주는 건 우리 스스로 물질에 가치를 두기 보다는 얼마나 이타심으로 채우는 것이라 하겠습니다.

오늘, 내 안의 '이타심' 계좌를 가득 채우기 위해 작정하고 작은 친절, 나눔을 실천하심이 어떠실지요?

아침의 행복 편지 60

행복과 집착

행복으로 여는 아침, 오늘은 과학으로 검증된 '사람을 행복하게 만드는 6가지 요인' 중 마지막 6번째 이야기입니다.

여섯 번째는 행복에 집착하지 마십시오. 2011년 감성(Emotion)지에 실린 연구에서 지나치게 행복에 집착하는 사람은 오히려 행복을 느끼지 못한 것으로 밝혀졌습니다. 연구를 진행한 덴버대학 심리학과 이리스 마우스 교수는 '행복해지길 원하면 행복할 수 없다' 면서 의도적으로 행복에 집착하는 행위는 오히려 행복하지 못하게 만든다고 강조합니다.

이에 대해 마우스 교수는 행복의 기준을 너무 높게 잡고 있거나, 본인이 설계한 행복에 딱 맞추려는 경향을 보이기 때문이라고 설명합니다. 친구나 가족과 좋은 관계를 유지하는 데서 얻는 행복과 같이 실제로 사람을 행복하게 만드는 것보다는 자신이 설정한 개인적 행복에 더 초점을 맞추고 있기 때문이라는 것이죠.

마우스 교수는 행복 그 자체를 쫓기보다는 자신을 행복하게 하는 활동을 추구하는 것이야말로 진정으로 사람을 행복하게 만드는 것이라고 강조합니다.

지나친 집착은 때로 시야를 가리기도 합니다. 모든 인생에는 약간의 틈과 거리 두기가 필요하지요. 행복도 마찬가지입니다. 적당히 비우고 내버려둘 줄 아는 것도 행복의 한 방법입니다.

아침의 행복 편지 61

자기결정력

어릴 적 성장하면서 받은 상처가 언제인지 그리고 무엇 때문인지 스스로 알아내기는 어렵습니다. 더구나 그 상처가 현재 내 일상에 순간순간 어떻게 영향을 주는지를 깨닫는 것은 그리 쉽지 않습니다.

하지만 분명한 것은 태어나 성장하면서 누구나 크고 작은 상처를 받았고 앞으로도 받을 수 있다는 점입니다. 문제는 사람들이 상처를 받으면 '일과 인간관계'에 대해 점차 냉소적이 되기 쉽고 마음의 문을 닫기 쉽다는 점입니다. 그러면 점차 자기 자신은 물론 타인의 가치와 능력 면에 의구심을 갖게 되고 포기하는 쪽으로 기울게 됩니다. 스스로 자신에게 마음의 문을 열어 다시 사랑할 수 있는 힘과 용기를 갖지 못하게 만드는 것입니다.

우리가 스스로 용기를 내어 마음을 열고 다시 '일과 인간관계'를 사랑하기로 결심하지 않는다면 우리의 인생은 절망과 고독의 나락으로 한없이 빠져들 것입니다. 인간은 자신을 성장시키려는 힘을 가지고 있습니다. 인간은 유전이나 환경보다 자기 스스로에 의해 결정되는 면이 더 큽니다.

우리는 자기결정력을 가지고 있습니다. 이러한 힘이 있기 때문에 우리의 행동변화도 성장도 가능한 것이지요. 오늘도 우리는 끊임없는 도전과 모험의 일상을 시작해야 합니다. 마음의 문을 활짝 열고 하는 일과 만나는 사람들을 사랑하기로 결심하면서 이 아침을 시작하면 좋겠습니다.

내면에서 배어 나오는 것

"태양이 바깥에 있으면 반짝이고 빛나지만, 어두움이 깃들면 안에서 비추는 빛이 있어야만 참다운 아름다움이 드러난다. 이렇듯 내면의 상태야말로 인간으로서 스스로의 아름다움과 가치를 재는 유일한 잣대다. 자신이 소중한 존재이며 고유한 가치와 아름다움을 가졌음을 믿으면 행복을 누릴 수 있음은 물론이다."

- 엘리자베스 퀴블러 로스

우리가 누군가를 보며 그 사람의 아름다움을 느끼는 것은 그가 지닌 스펙보다는 그의 내면에서 배어 나오는 것들입니다. 그가 쓰는 말씨, 마음 씀씀이, 친절과 베풂과 같은 행동으로 배어 나와야 아름답지 밖에서 꾸민다고 해서 아름다운 것은 아닙니다. 꽃에서 향기가 풍겨 나오듯 그렇게 배어 나와야 합니다.

우리 자신은 모두 소중한 존재이며, 나름 아름다움을 지닌 존재들입니다. 눈부신 봄꽃들의 자태와 향기처럼 오늘 하루 자신이 지닌 내면의 아름다움으로 주위에 그윽한 향기 우러나오도록 지내시지요.

아침의 행복 편지 63 오 독(五毒)

"삶의 여정에는 늘 무장한 산적들처럼
수시로 달려드는 오독(五毒)이 있으니 가슴 속에 항시
해독제를 간직하고 사용해야 한다."
- 티벳 라마 파드마삼바바

오독(五毒) : 탐욕, 분노, 무지(나태), 자만, 질투. 그에 대한 해독제는
자제, 사랑, 지혜(근면), 겸양, 무욕이다.

바이올린 몸통에는 실체 없는 소리가 담겨 있습니다. 우리 마음속에는 바이올린 몸통처럼 항상 산적처럼 달려드는 오독(五毒)과 그에 맞서는 해독제(解毒劑)가 담겨져 있습니다.

한 사람의 말과 태도와 행동은 순간순간 오독과 해독제의 작용으로 나타나는 마음의 소리입니다. 오늘도 내가 내는 소리가 이웃에게 신성한 지혜를 전하고 사람들의 마음에 사랑을 심어주는 메아리가 되었으면 좋겠습니다.

코카콜라 회장과의 인연

한때 주한 미국 대사(1993-1997)를 지냈고 그 이후 본국으로 돌아가 남부 에모리대학 교수로 부임한 제임스 레이니씨에 대한 훈훈한 이야기가 전해집니다.

그는 걸어서 출퇴근하던 어느 날 벤치에 쓸쓸하게 혼자 앉아 있는 한 노인을 만나 다정하게 인사를 나누고 말벗이 되어 주었습니다. 그 인연으로 2년 넘게 교제가 이루어졌는데 시간이 날 때마다 그 노인을 찾아가 잔디를 깎아주거나 커피를 함께 마시곤 하였답니다.

그러던 어느 날 출근길에서 노인을 만나지 못하자 그는 노인의 집을 방문하였는데 바로 전날 그 노인께서 돌아가셨다는 것을 알게 되었습니다. 그런데 곧바로 장례식장을 찾아 조문하면서 자신이 만났던 그 노인이 바로 〈코카콜라 회장〉을 역임 했었던 분임을 알게 되어 깜짝 놀랐습니다. 더욱 놀라웠던 일은 그 노인께서 남긴 유서에 25억 달러와 코카콜라 주식 5%의 유산을 레이니씨에게 주도록 작성되었다는 것이었습니다.

레이니 교수는 자신이 자유롭게 쓸 수 있는 유산을 자신이 재직 중인 에모리대학 학생과 학교 발전을 위한 발전기금으로 쾌척하였습니다. 아름답고 따뜻하게 느껴지는 이야기이지요.

친절은 행복의 원천입니다. 작은 친절행동이 사람과 세상을 변화시킵니다. 친절은 사랑과 평화의 영역을 넓히는 소통의 방법입니다. 우리 사회에도 친절이 강물처럼 흘러 넘쳤으면 좋겠습니다.

2.9:1의 비율

혹시 2.9:1 이라는 비율을 접해보신 적 있나요?

심리학자 바바라 프레드릭슨과 수학자 마셜 로사다가 50개 기업의 회의 내용을 녹취해 긍정적 단어와 부정적 단어의 사용 비율을 분석한 결과, 그 비율이 2.9이상이면 번성하고 그 미만이면 쇠퇴하는 것으로 나타난 결과에서 유래한 '로사다 비율'을 말합니다.

긍정적인 말을 세 번 이상해야 좋은 인간관계가 유지되고 조직이 발전할 수 있으며, 긍정적인 단어 사용이 서로의 이해를 돕고 조직의 성과에도 결정적 영향을 미친다는 얘기입니다.

긍정이 힘입니다.

한번 깨진 유리를 붙이려면 많은 시간과 노력이 필요할 뿐만 아니라 원상복귀가 어렵습니다. 사람과의 관계를 회복시키는 것도 마찬가지입니다. 사람들 간 관계가 깨지고 금이 간 뒤에서야 관계를 바로 잡으려고 애쓰다 실패하고 후회하는 경우가 많습니다. 사전에 관계를 지키고 유지하려고 노력하는 것이 지혜입니다. 긍정성 비율을 지키는 노력이 행복지킴이입니다.

아침의 행복 편지 66 긍정적 감정

피실험자 두 그룹에게 각각 긍정적인 감정과 부정적인 감정을 자극하고 나서 여러 가지 그림들을 보여 주었습니다. 어떤 결과가 나왔을까요? 카나다 토론토대 슈미츠 연구팀들의 흥미로운 연구입니다.

결과는 부정적인 감정을 자극받았던 그룹은 사진 속 이미지들을 다분히 제한적으로 바라보는 모습을 보였습니다. 사진 속 주제에만 집중하고 배경에 해당하는 주변 정보들은 상당 부분 놓친 것입니다. 반면에 긍정적인 감정을 자극받았던 그룹은 앞선 그룹에 비해 이미지들을 좀 더 거시적으로 관찰했습니다.

가슴속에 긍정적인 감정, 행복한 느낌으로 가득할 때 우리는 시야가 넓어집니다. 일상에 숨겨 있고 널려 있는 행복의 요소들을 발견하기 위해서는 긍정적 감정정서를 지니려는 노력이 필요합니다.

행복과 관련된 가장 보편적인 긍정적 감정 10가지는 기쁨(환희 joy), 평온(serenity), 감사(사은감, gratitude), 관심(흥미감, interest), 희망(hope), 자존감(pride), 즐거움(유희감, amusement), 영감(inspiration), 경외감(awe), 사랑(애정감, love)입니다.

매일 주어지는 하얀 도화지에 긍정적인 정서로 채색하는 지혜! 그것이 행복의 시작입니다. 초여름 날 같은 요즈음 푸르름이 찬란하듯 여러분 가슴 속에 행복감이 넘치면 좋겠습니다.

아침의 행복 편지 67

환경을 바라보는 태도

하버드대 엘렌 랑거 교수는 75세 할아버지들을 대상으로 기존의 믿음을 정면으로 깨는 흥미로운 연구 결과를 발표하였습니다. 실험을 요약하면 아래와 같습니다.

1979년, 75세 할아버지들에게 실험내용에 대해서는 거의 알려주지 않고 다만 일주일 정도 요양소에 머무를 것이라는 점과 1959년 이후에 나온 신문이나 책, 사진들을 들고 오지 말라는 말만 했습니다. 연구팀은 요양소의 모든 주변 환경을 완벽하게 20년 전으로 되돌려 놓았습니다. 요양소에 들어온 노인들에게 그때의 옷을 지급하고 지금이 1959년인 것처럼 지내달라고 부탁하였습니다.

연구팀은 노인들이 요양소로 입소하기 전과 일주일간의 실험 후에 각각 근력, 자세, 이해력, 인지능력, 단기 기억력 등 나이 들어감에 따라 위축되는 다양한 신체 기능들에 대해 검사하였습니다. 그 결과 뇌 기능이 청소년기 이후로 그대로 유지되다가 나이가 들수록 점차 쇠퇴한다는 기존의 이론과 달리 대다수 항목에서 호전된 모습을 보였습니다. 신체가 더 유연해지고, 자세도 더 똑바르게 펴지고, 손으로 쥐는 힘도 크게 증가하였으며, 시력과 기억력이 10% 정도 개선되었습니다.

더욱 놀라운 사실, 실험 내용에 대해 전혀 모르는 사람들을 대상으로 실험 전후의 실험 참가자 사진을 보여주었을 때, 실험 이후 사진이 참가 전 사진보다 평균적으로 세 살 정도 더 젊어 보인다는 반응을 보였습니다. 이 실험으로 환경을 바라보는 태도에 따라 신체적 나이마저 바꿀 수 있다는 사실이 입증되었습니다.

우리가 바라보는 현실은 자신의 태도에 크게 좌우되며, 긍정적인 태도는 자신의 행동은 물론 외부의 현실까지 바꿀 수 있는 놀라운 힘을 지니고 있습니다. 연휴 후 긍정적인 태도로 새 한주 시작하시면 좋겠습니다.

아침의 행복 편지 68 80세 이상의 90%

70-80세 이상 노인들은 자신이 살아온 세월을 어떻게 평가하실까요? 지금 당신은 여기까지 살아온 자신의 삶에 만족하십니까? 아마도 누구나 죽음이 가까이 다가오면 올수록 생에 대한 애착이 커지게 마련이고 후회 또한 많아 질 것입니다. 하지만 자신이 살아온 세월에 대한 만족감이나 후회 정도는 나이에 따라, 개인에 따라 큰 차이를 보일 것입니다.

분명한 것은 나이가 들수록 시간이 빠르게 흐른다는 느낌을 갖게 되고, 시간의 소중함을 알면서도 정신없이 지낸다는 것입니다. 또한 과거에 대해 되돌아볼 기회를 자주 갖게 되지만 일반적으로 자신의 '과거, 현재, 미래'를 부정적으로 생각하는 경향이 눈에 띕니다.

한 조사에 따르면 80세 이상의 90% 이상이 자신의 인생을 후회한다고 응답했습니다. 그 중에서 가장 후회하는 것을 들어보면 뜻밖에도 성공과 출세에 대해서도 아니며, 돈에 관한 것도 아니었습니다. 모두 가까운 사람들과의 관계에서 좀 더 '~~~했었더라면' 하는 후회였습니다.

"가족들에게 더 따뜻하게 대해 주었더라면…."
"그 사람을 용서해 주었더라면…."
"아이들 이야기를 더 잘 들어주었더라면…."
"돌아가신 아버지께 좀 더 고분고분하게 대해 드렸더라면…."

'소리는 침묵의 희미한 표현일 뿐이다.
소리는 침묵과 대조를 이루고,
침묵을 보듬을 때에만 소리는 듣기 좋다.'
— 헨리 데이비드 소로

소음 속에서 지내는 일상,
침묵으로 내면의 소리에 귀 기울여보자.

침묵은 영혼을 새롭게 충전할 뿐 아니라
내면의 평화와 기쁨을 되찾아 주는 청량제(淸凉劑)이다.

"돌아가신 어머니께 좀 더 친절하게 대해 드렸었더라면…."

알면서 행하지 못하고, 죽음에 이르러서야 겨우 깨닫고 후회하는 우를 범하는 것이 보통 사람들입니다.

새롭게 선물 받은 한주, 하루하루! 후회와 자책이 들기 전에 가까운 사람들을 챙기는 시간들이 되었으면 좋겠습니다. 좀 더 관심을, 좀 더 친절하게, 좀 더 따뜻하게, 좀 더 관대하게, 좀 더 사랑을 베푸는 한주 만드시길 빕니다.

아침의 행복 편지 69 **'다섯 개의 화살'**

기원전 2천년부터 기원전 7세기 사이에 몇 차례에 걸쳐 볼가강, 우랄초원을 거쳐 흑해연안까지 진출한 것으로 추정되는 스키타이인들에게서 유래된 전설이 있습니다. 기원전 6세기 무렵 카스피해 동부일대에 강대한 국가를 건설한 유목민족인 스키타이왕은 임종 직전 다섯 자녀인 왕자들을 불렀습니다. 눈앞에 묶어놓은 화살다발을 내밀며 자녀들에게 그 다발을 꺾어 보라고 명령했지만 아무도 그렇게 할 수 없었습니다. 그러자 왕은 함께 묶여있던 화살을 하나하나 풀어서 하나씩 꺾어보였습니다. 그런 다음 자녀들에게 말했습니다.

"너희들은 이 화살다발처럼 하나로 뭉치면 강력한 힘을 발휘할 수 있을 것이다. 그러나 만약 결속이 무너지면 그 힘을 잃고 번영도 사라질 것이다. 형제들 간에 화합하라."

이 '다섯 개의 화살' 이라는 교훈은 유대인으로 2,000년의 설움을 딛고 일어서 250년 동안 세계 최대 금융제국을 이어온 전설적인 로스차일드 가문에 대대손손 이어져오고 있습니다. 로스차일드 가문의 초석을 다진 마이어 로스차일드는 다섯 아들을 앞에 두고 유언 대신 평소 들려주었던 '다섯 개의 화살' 이야기를 마지막으로 한번 들려주고 세상을 떴습니다. 온갖 설움을 겪으면서 모은 재산을 아들들이 서로 차지하려다 구름처럼 뿔뿔이 흩어져버리지 않을까 걱정하며 당부한 이야기입니다.

우리나라 대부분의 대그룹에서는 경영권이 2세, 3세, 4세로 이어지면서 경영권과 재산다툼으로 가족 간 법정 분쟁이 끊이지 않고 있습니다. 또한 세종시가 개발되면서 국가의 토지수용으로 받은 보상금 때문에 풍비박산 난 집안이 무척 많다는 이야기를 들었습니다.

돈의 위력이 점점 커져가는 요즈음 세상에 '돈이 피보다 진하다' 분위기가 확산되는 것 같아 안타깝습니다. 스키타이왕이 자녀들에게 다섯 개의 화살을 준 이유, 로스차일드 마이어가 자녀들에게 남긴 '다섯 개의 화살 유훈' 을 통해 '돈과 (가족)공동체' 를 다시 한번 생각해보는 하루가 되었으면 합니다.

아침의 행복 편지 70 시간과 돈

'부자와 가난한 자'는 어느 시대 어느 곳에나 존재하였고 존재하는 사회적 이슈이자 과제입니다. 글쎄요. 이 세상에 가난한 자가 전혀 없는 유토피아적 이상향이 과연 존재할 수 있을까요? 아마도 그런 이상향이 실현되기란 영원히 불가능하지 않을까 싶습니다.

우리가 흔히 부자라고 일컫는 사람은 돈을 많이 버는 사람이면서 정신없이 바쁘게 사는 사람들입니다. 부자들은 대부분 돈은 많은데 시간은 없는 사람들인 경우가 대부분이지요. 반대로 가난한 자는 돈이 없고 시간이 많은 사람들입니다.

많은 사람들이 '성공적인' 삶을 살기 위해 엄청 바쁘게 일해 큰일들을 성취하고 많은 돈을 벌어들이려 노력하고 있습니다. 더 성공하고 돈을 벌기 위해서는 점점 더 많은 시간을 투자해야 하는 세상이기에 시간을 활용하는 지혜가 매우 중요한 세상이 되었습니다.

우리 일상에서 시간과 돈을 다 갖기란 그리 쉬운 일이 아닙니다. 하지만 시간이라는 희생을 감내하면서 벌어들인 부가 내 건강을 해치고 가족관계, 이웃 공동체의 결속을 약화시킨다면 진정한 성공이라 하기 어렵겠지요. 돈과 시간의 참된 결합은 이들 모두의 가치를 증대시킬 수 있어야 하지 않을까요?

시간과 돈 모두 올바르고 건전한 관계를 만드는데 너무 중요한 요소입니다. 시간과 돈은 물질을 넘어서 자신과 가족, 이웃의 행복과 관계를 증진시키는데 '돕는 배필'의 수단이 되어야 하지 않을까요?

행복과 관계를 증진하는 주말 만드시길 빕니다.

자신 돌보기

행복의 첫 걸음은 자신을 사랑하고 자신에게 관심을 기울이는 것입니다. 자신을 잘 돌봐야 행복해집니다.

그런데 우리는 가정교육과 학교교육을 통해서 자신을 보살피고 사랑하는 법을 잘 배우지 못했습니다. 늘 자신보다 남을 우선 챙기며 살도록 배웠습니다. 그러면서 다른 사람에게 거부당하지 않고 사랑과 인정을 받기위해 끝없이 노력하면서 자신을 돌보는 일에는 소홀했습니다.

심지어 자신을 보살피는 것을 이기적이거나 자기중심적이라고 비판받을까 두려워하며 자랐습니다. 행여 다른 사람의 인정을 받지 못하면 바로 자신에 대한 의구심을 갖고, 너무 쉽게 자동적으로 자책과 자기비난을 하곤 해왔지요.

많은 사람들이 자신을 돌보거나 사랑하는데 너무 인색한 경향이 있어 보입니다. 내가 나 스스로를 칭찬하는 일이 거의 없어 보이지 않습니까? 어떠세요? 평소 자신을 괜찮다고 잘했다고 칭찬하는 편이신가요? 아니면 자신에게 스스로 형편없다고 나는 안 된다고 가혹하게 비난의 화살을 던지는 편이신가요?

남들이 나를 칭찬해주기를 기다리며, 내심 인정받기를 갈망하며 남들을 위해 애를 쓰면 바로 그것이 집착이 됩니다. 자신을 인정하고 돌보는 능력이 부족하면 결국 다른 사람의 감정에 의존해 인정받고 자존감을 느끼게 됩니다. 그렇지 않으면 자기 의심과 자기 비난에 빠지는 악순환을 거듭하겠지요.

나를 돌보고 사랑하는 방법! 행복의 첫걸음입니다. 각자 그 방법들을 찾으셔야 하는 것이 과제입니다. 자녀가 스스로 사랑하는 법을 길러주는 부모가 되었으면 좋겠습니다. 남들 앞에서 너무 강해보려고 애쓰지 않기. 자기혐오 자기 비난 멈추기. 삶에는 피할 수 없는 어려움이 있다는 것을 받아들이기. 내 자신에 대해 공부하기 등등….

내가 행복해야 주위의 소중한 사람들에게도 행복을 전할 수 있습니다. 고통은 불가피하지만 괴로움도 자기수용도 선택이지요. 오늘도 자신을 잘 돌보시는 하루 되셨으면 합니다.

'인간극장'

한 방송국에서 매일 아침에 방영하는 5부작 '인간극장'은, 각양각색 사람들의 평범하면서도 특별한 일상을 통해 시청자들에게 잔잔한 감동을 안겨 줍니다. 제 개인적으로 그 감동의 크기는 얼마만큼 자신의 주관에 따라 사는가? 얼마나 주위 사람들에게 선한 영향을 보여주고 있는가? 누구나 크고 작은 시련과 고통을 겪기 마련이지만 주인공은 자신의 시련과 고통을 어떻게 잘 극복하며 살고 있는가? 가까운 사람들과 얼마나 인간적으로 소통을 잘 하며 살고 있는가? 에 따라 크게 달라지는 것 같습니다.

저는 그런 장르의 방송물을 보면서 나 자신은 과연 어떤 일상으로 나만의 다큐멘터리를 제작하고 있는가를 자문해봅니다. 사는 것 자체가 다큐인 셈이고 그 다큐 안에 그대로 자신이 주인공이 되어 녹화가 되고 있다는 기분이 듭니다. 매일의 일상에서 시간과 장소, 사람들은 바뀌지만 언제나 주인공은 내 자신이 되는 그런 다큐지요.

과연 나는 이 다큐의 각본을 나 스스로 쓰고 있고, 경우에 따라서는 용기 있게 그 각본의 내용을 내 마음대로 바꾸어 살고 있는지, 다큐의 주인공처럼 주연답게 살고 있는지 되돌아봅니다. 제 경험상으로 우리들 중 많은 사람들은 자기 각본보다는 주어진 각본(누군가에 의해 써진 각본, 사회적으로 남들에게 보여지는)을 들고 남들과 똑같아지려고 무던 노력하는 듯 보입니다. 더구나 자신이 주인공으로 사는 것이 아니라 스스로 조연이나 엑스트라급으로 여기며 지내는 사람들이 의외로 많습니다.

이승에 사는 동안 내 자신의 다큐에 나만이 꼭 담고자하는 바가 있어야 하지 않을까요? 자신의 주관에 따라 쓴 각본을 들고, 주위에 선한 영향을 미치며 나만의 고유한 삶을 여유롭게 산다면 덜 불행하고 조금 덜 우울하지 않을까요?

당신은 최종 5부작 중 현재 몇 부작 출연 및 제작 중이신가요? 지금까지 촬영한 다큐는 마음에 드시나요? 행여나 지금까지 제작된 다큐에 대해 만족하지 못한다면 오늘부터 새롭게 각본도 챙겨보시고 하루 순간순간 의식하시면서 보내시면 됩니다. 다큐는 먼저 큰 각본의 줄거리가 마련되고 대본이 완성된 후 제작에 들어가고, 진행되는 과정에서 다소 수정변경 보완이 이루어지게 마련입니다.

"자신이 만들고 만나는 세상은 모두 내 자신의 인생각본에 따라 이루어집니다."

행복한 하루, 흐뭇하고 자부심이 느껴지는 다큐제작이 이루어지는 시간들이 되었으면 좋겠습니다.

아침의 행복 편지 73

30분 운동

'행복하려면 일주일에 30분 이상 운동을 세 번 이상은 하십시오'

'운동은 열정을 높이고, 통제력을 회복시키고, 스트레스와 불안을 낮추고, 집중력을 높이는 효과가 있습니다.'

알면서도 실천하지 못하는 자신이 원망스러울 때가 많습니다. 일단 운동복장을 하고 문밖에 나서기만 하면 자동으로 운동을 하게 되고, 다녀와서는 스스로 뿌듯한 마음을 느끼게 됨을 알면서도 문제는 처음 나서기까지가 어렵지요. 시작 전 20초가 중요합니다.

운동을 시작하기까지 너무 번거롭고 복잡하면 실패할 확률이 높습니다. 밤에 잠이 들기 전에 아침에 신을 양말과 바지, 점퍼를 보이는 곳에 꺼내놓음으로써 아침운동의 습관을 들이면 훨씬 도움이 됩니다. 운동의 습관을 들이기 전에 운동할 준비를 하는 습관을 들일 필요가 있습니다.

또 한 가지 마음가짐!

우리가 마라톤 선수들처럼 42.195 km를 뛰어야 한다면 아마도 뛰기도 전에 힘이 쭉 빠지며 질리겠지요? 시작하기도 전에 어떻게 뛰어야 할지 까마득해 포기하기 쉬울 것입니다. 그런데 마라톤 선수들은 어떨까요? 그들의 완주 비결에 지혜가 있습니다. 마라토너들은 42.195 km를 여러 구간으로 쪼개놓고서, 각 구간별로 목표 시간을 정

해 그 구간만 생각하면서 뛴답니다. '이번 5km는 15분내 주파'

목표를 잘게 쪼개고 가능한 착수하기 쉽게 환경을 만들어 습관을 만드는 것이 중요한 것 같습니다. 거창한 목표로 자신의 의지를 시험할 필요는 없습니다. Step by step!!! 이번 한주 무얼 할까보다 오늘 하루 어떻게 보낼까?, 앞으로 한 시간 뭘 할건가? 지금 당장 할 일이 뭔가? 생각하면 행복이 더 가까이 있을 듯싶습니다. 해피 순간~~~

측은지심

최근 며칠 간 제 주변에서 일어난 일들은 거의 우울 모드에 가깝습니다. 월급쟁이라 잘 모르지만 개인 사업하시는 분들은 경기불황으로 앞날도 걱정되고 하루하루가 힘든가 봅니다. 마치 쓰나미처럼 업황 전반으로 그 여파가 퍼져나가는 듯 여기저기서 한숨소리가 들려옵니다. 어려울 때 서로 이해하고 도와야 할 가족관계도 아이러니하게 서로 더 미움과 원망이 커져 위태위태한 가정도 의외로 많이 접하게 되구요. 그런가하면 나이 들어가며 예기치 않은 병인을 발견하여 건강에 적신호가 켜져 노심초사하는 경우도 있습니다. 교통사고 피해자는 가해자의 약점을 빌미 삼아 자신의 잇속을 차리려 정도를 넘어서는 험악함을 보이고…. 정말 아귀다툼입니다.

우리 모두는 살아가면서 이따금씩 근심과 불안으로 고통 받는 시기를 겪으며 살아갑니다. 힘들고 어려울 때 가까운 사람들 간에 더 따뜻한 관심을 쏟는 일과 다른 사람들과의 연대감이 무엇보다 중요한 것 같습니다.

다른 어느 때보다도 우리들 마음에 '측은지심'을 키워 험난한 인생의 파고를 '함께 괴로워'하며 넘어야겠습니다. 혹시 오늘 아침 편지 읽으시며 주변에 힘들게 살아갈 것 같은 분이 떠오르면 문자메시지나 전화 한번 드리면 어떨까요?

우리는 혼자가 아니고 관심과 격려를 해주는 이웃이 있다는 것만으로도 새로운 힘을 가질 수 있지 않을까요?

아침의 행복 편지 75 말

모든 사람은 하루에도 수없이 많은 말을 합니다. 서로 주고받는 말을 어떻게 하느냐에 따라 상대방을 성장시킬 수도 있고 상처를 줄 수도 있습니다.

"엄마에게 아직 전화 안했어?" 라는 말을 어떤 말투로 하느냐에 따라 완전히 다른 의미로 전달될 수 있습니다. 이 간단한 질문은 엄마에게 좋은 소식을 당연히 전달할 기대를 가지고 묻는 것일 수도 있지만, 전하지 않고 미적거린 부분을 질책하고 비난하려는 의도로 건네는 말일 수 있습니다.

우리가 사람들에게서 받는 상처와 겪는 갈등들은 의외로 사소한 부분에서 시작합니다. 옛 속담에 '말이 씨가 된다' 는 말이 있습니다. 의도하지 않고 던진 말이 불씨가 되어 싸움도 할 수 있고, 움츠러들었던 마음을 의욕으로 불타게 만들 수 있습니다.

오늘은 말씨와 말투에 신경을 쓰며, 사랑의 불꽃을 놓아 우리 모두 어려운 경기에도 힘낼 수 있는 하루를 만들면 좋겠습니다.

기대

사람이 동물과 다른 점은 미래에 대하여 생각하고 상상할 수 있는 능력을 가진 점입니다.

사람이 미래에 대하여 상상할 수 있는 독특한 능력이 있기에 기대라는 것을 갖게 되고, 그 기대 충족을 위해 열심히 일하며 삽니다. 즉, 많은 사람들은 "내가 돈이 아주 많은 부자가 되면 행복할 것이다." 라는 기대를 가지고 돈을 벌기 위해 열심히 일을 합니다. '권력을 얻으면, 명성을 얻으면, 그 사람과 결혼하면, 고시에 합격하면 등등' 의 조건을 충족하면 더 행복할 거라는 믿음을 대부분 갖고 있지요.

그런데 현실에서는 "내가 미래에 이렇게 되면 행복할 것이다."라는 기대나 예측이 종종 어긋난다는 점에 주목할 필요가 있습니다. 예를 들어 막상 돈을 많이 벌어도 기대한 만큼 행복해지지 않는다는 것입니다. 돈은 아주 가난해서 의식주를 걱정하는 사람에게는 커다란 행복을 가져다 줄 수 있지만 중산층 정도 되면 더 이상 부자가 되어봤자 그만큼 더 행복해지지 않습니다.

부자에게 물어 보십시오. "당신은 돈이 많아서 행복하신가요?" 겸손해서 '아니오' 라고 답하는 사람도 있겠지만, 많은 사람들은 본인이 행복하다고 절실히 느끼지 못해 '아니오' 라고 답하는 경우가 더 많습니다. '당신은 지금 벌이에 만족하십니까?'

행복은 나의 기대와 예측대로 이루진다고 해서 얻는 게 아닙니다. 자기가 원하는 것을 이루어도 불행해질 수 있고, 원하는 것을 이루지 못해도 행복해질 수 있습니다. 남들이 나를 부러워해도 나는 내 삶에 만족하지 못하는 이치와 같습니다.

행복이라는 것은 파랑새 이야기처럼 죽어라 쫓아다녀 얻게 되는 것이 아닙니다. 미래에 일어날 수 있는 일에 대해 긍정적 상상을 하면서 열심히 살아가되, 현재 자기가 처한 상황에 애써 만족하고 감사한 마음으로 삶을 살아가는 자세가 오히려 행복을 가져다줍니다. 미래는 담보된 시간이 아닙니다. 오늘도 힘내세요.

아침의 행복 편지 77

외로움

사람들은 누구나 살면서 가끔은 외로움을 느낍니다. 그 외로움을 자세히 들여다보면 외로움은 짝을 이루어 살고 있느냐 아니면 독신으로 살고 있느냐 하는 문제와는 별로 관계가 없어 보입니다. 결혼해 사는 사람도 여전히 외롭다고 느끼는 사람들이 의외로 많고, 반면에 싱글로 살면서도 외롭지 않다고 느끼는 사람들 역시 많습니다.

결국 사람들은 누군가와 정서적 교감이 결여되어 있을 때 외로움을 느끼는 것 같습니다.

내 편에서 생각할 때….

상대방이 나의 안녕에 관심을 가지고 걱정해주는 느낌, 보살펴 주는 느낌, 내게 지지와 응원을 보내주는 느낌, 내가 상대로부터 잘 이해받고 있다는 느낌, 상대가 나를 좋아한다는 느낌, 서로 연결되어 있는 느낌.

이런 느낌이 자주 들어야 함께 있어 좋고, 든든하지 않을까요? 아무리 짝이 있어도 이런 느낌을 채워줄 수 없다면 외로움은 여전히 마음속에 맴돌겠지요.

가까운 가족, 사랑하는 사람들, 친구와 친지들 사이에 '함께 있어야 할 필요성이 아니라 함께 있고 싶은 욕망' 이 드는 것은 바로 상대로부터 위와 같은 느낌들을 자주 경험할 때 가능하지 않을까요?

인간은 고독하지만 홀로 살 수 없습니다. 그리고 외롭지만 늘 누군가와 이어져 있다는 느낌을 원합니다. 오늘도 가까운 사람들이 외로움을 덜 느끼도록, 서로의 관계를 증진시키는 데 시간과 돈, 에너지, 기술을 쏟겠다는 의지를 갖고 실천해 봄이 어떨는지요? 특히 두 사람의 관계를 위하여 알찬 시간을 기꺼이 내놓을 의지, 공통의 라이프스타일을 추구하고, 그에 필요한 것을 갖추려는 책임을 함께하겠다는 의지 또한 필요한 듯 보입니다. 사람은 관계에서 느끼는 만족감이 삶을 꾸려가는 데 큰 힘이 됩니다.

아침의 행복 편지 78 ‘부정성 효과’

어느 해 봄철에 엘리자베스 루카스 교수는 어린이 집단 프로그램을 진행하고 있었는데 후원자 한 분이 어린이들을 위해 딸기 한 상자를 보내왔습니다. 딸기가 무척 싱싱하고 잘 익었는데, 조금 상한 딸기도 섞여 있었습니다. 약 15% 정도는 먹을 수 없을 정도로 상한 딸기였습니다.

루카스 교수는 재미있는 실험을 했습니다. 아이들을 두 그룹으로 나누고, 딸기도 두 개의 바구니에 나누어 담았습니다. 그리고 한 그룹의 아이들에게는 먹을 수 있는 싱싱한 딸기를 골라서 그릇에 담도록 했고, 다른 그룹 아이들에게는 반대로 먹을 수 없는 상한 딸기를 골라서 그릇에 담도록 했습니다. 아이들은 신나게 주어진 방법으로 딸기를 선별했지요. 루카스 교수는 딸기를 보이지 않는 곳으로 옮겼습니다. 그리고 아이들에게 싱싱한 딸기의 양이 얼마나 되는지 말해보라고 했습니다.

그 결과는 어떠했을까요? 매우 놀라웠습니다. 싱싱한 딸기를 골라낸 그룹의 아이들은 거의 정확한 답을 내놓았습니다. 반면에 상한 딸기를 골라낸 아이들은 싱싱한 딸기의 양이 실제보다 훨씬 적다고 대답했습니다. 싱싱한 딸기가 전체의 반도 안 된다고 말했을 정도였습니다. 이 실험을 여러 성인 집단에 반복했을 때에도 결과는 비슷했습니다.

이런 현상을 심리학은 '부정성 효과(negativity effect)' 라고 합니다. 인류는 원시시절부터 맹수들의 공격으로부터 생존하기 위한 강력한 부정성 편향의 신경조직을 가지고 있었습니다. 그래서 우리는 '긍정적인 정보(싱싱한 딸기)' 보다는 '부정적인 정보(상한 딸기)' 를 더욱 중요하게 인식합니다. 그리고 좋은 이야기보다는 부정적인 이야기를 지나치게 과장하는 경향을 지니고 있습니다.

우리가 행복하려면 일상에서 나쁜 일보다 좋은 일을 확대해서 보는 '긍정의 확대경' 을 의식적으로 갖는 노력이 필요합니다. 행복은 내가 처한 환경과 일상에서 겪는 크고 작은 일들을 얼마나 긍정적으로 바라보느냐, 즉 세상을 긍정적으로 해석하는 방식에 달려 있습니다.

오늘도 부정성 편향에 빠지기보다는 내 안에 숨어 있는 '긍정의 확대경' 을 꺼내 바라보며 사는 지혜를 발휘하면 좋겠습니다.

아침의 행복 편지 79 사소한 일

행복이 우리를 찾아오는 역동적인 과정을 자세히 들여다보면 행복은 엄청난 변화에서 오기보다는 일상적이고 사소한 일에서 옵니다.

기분전환을 위해 작고 사소한 일들에서 긍정적인 감정을 찾아내는 습관이 중요합니다. 행복은 매우 주관적인 개념이므로 자신에게 긍정적인 감정을 불러일으키는 데 가장 잘 맞는 것을 찾는 것이 관건입니다.

주변을 활기 있게 걷기, 음악 감상, 생각나는 사람들에게 편지 쓰기, 친구와 대화 나누기, 요리하기, 영화 감상하기, 운동하기, 야구경기 관람, 개그 프로그램 보기, 명상하기, 타인 도와주기 등등.

우울하고 가라앉은 기분에서 벗어나는 일은 마술이 아니라 작고 사소한 일을 행하는 '행동' 입니다. 오늘도 작은 일과 속에서 행복을 찾는 광부가 되시길 빕니다.

아침의 행복 편지 80

자신의 사망기사

당신은 '인생의 의미'를 무엇이라 생각하십니까? 무엇을 위해 어떻게 살아야 의미 있고 가치 있는 것일까요? 참 거창하고 쉽게 잡히지 않는 질문이지요. 만약 목적지가 불분명한 여행이라면 여정에서 만나는 이정표 표지판은 무의미할 것입니다. 단순한 여행도 계획을 세우는데 복잡다단한 인생을 아무런 목적 없이 사는 일은 아이러니입니다.

축구팀들이 전반전을 뛰고 난 뒤 라커룸에서 전반전 경기를 복기하고 후반전 경기 전략을 다듬듯이 가끔은 우리들 스스로도 무엇을 위해 살고, 무엇을 이루고 싶은지 자문해 볼 필요가 있습니다. 생을 마감하는 순간에 내 인생을 후회 없이 보람된 것으로 여길 수 있으려면 어떻게 살아야 할까요?

이 질문에 좀 더 분명한 해답을 찾기 위해서 자신의 사망기사나 묘비에 담길 내용을 써보는 것이 유익합니다. 자신의 사망기사나 2-3줄의 묘비명을 작성해 보십시오. 앞으로 무엇을 위해 어떻게 살아야 할지가 좀 더 분명해질 수 있습니다.

인생 후반전은 무엇을 위해 어떻게 사시겠습니까? 행복한 사람에게는 꿈과 비전, 분명한 목적의식이 있습니다.

아침의 행복 편지 81 따뜻한 인간관계

어제 우연히 직장 동료 선후배들과 이야기를 주고받으며 안 사실은 작년 추위로 인해 많은 나무들과 꽃이 동사했다는 것입니다. 정성껏 가꾼 꽃과 나무들과 헤어지는 일도 마음 아픈 일이겠지요.

문득 그런 생각이 들었습니다. 우리 사람들의 일상에서 느끼는 맹추위는 무엇일까요?

아마도 슬픔, 화, 두려움 같은 것 아닐까요? 이런 감정들이 일상을 압도하게 되면 분명 탈이 나겠지요. 이런 감정을 처리하는 방법은 어린 시절부터 부모로부터 배웁니다. 화나고 슬플 때 당신은 침묵하시나요? 격노하시는 편입니까? 주위사람들에게 진솔하게 감정을 표현하시는 편입니까?

가족관계는 단순한 혈연관계가 아니라 이런저런 처지들에 관심 기울이고 들어주는 관계가 좋을 듯 싶습니다. 우리들의 정신건강 대부분은 억눌린 감정에 의해 영향을 받습니다.

물고기가 물이 없다면 죽는 것처럼 인간에게 물은 따뜻한 인간관계입니다. 억압이 아닌 해방, 무관심이 아닌 관심, 냉소가 아닌 따뜻한 포옹으로 소통하는 가족관계를 만들어가는 것이 자신뿐만 아니라 자녀들의 정신건강에 행복의 토대를 만드는 일입니다.

오늘도 해피데이. 어제는 비 온 뒤 맑게 갠 풍경이 상큼했습니다. 오늘 우리 마음에도 청명함이 함께하길 기원합니다.

'뒤센 미소'

사람들 중에는 미소가 아름다운 분이 있습니다. 보는 이도 편하고 미소를 짓는 사람도 행복해 보입니다. 행복한 사람들에게 공통적으로 발견되는 것이 바로 미소, 웃음, 함박웃음이지요.

1990년, 미국 캘리포니아 버클리대학의 켈트너와 하커 교수는 한 대학의 1960년 졸업 앨범에 실린 141명의 사진과 그들의 결혼 생활을 분석하는 연구를 진행했습니다. 웃으며 사진을 찍은 사람이 그렇지 않은 사람보다 행복한 결혼 생활을 유지하는가에 관한 연구였답니다.

졸업 앨범에 실린 141명 중 웃은 사람은 138명이었는데 이 중에서 진정한 미소라 불리는 '뒤센 미소'를 띤 사람들은 절반 정도였습니다. 1860년대 신경생리학자인 기욤 뒤센은 사람이 마음속에서 우러나 진정으로 웃을 때 양 입꼬리가 위로 올라가고 눈꼬리에 까마귀 같은 주름이 생기는 현상을 발견하였습니다. 이런 미소를 가리켜 뒤센 미소로 부르게 되었지요.

27세, 47세, 52세가 되는 시점에서 이들의 결혼 생활 만족도를 조사한 결과 놀랍게도 뒤센 미소를 짓고 있는 여학생들은 다른 여학생들에 비해 결혼 만족도가 훨씬 높았고, 30년 동안 훨씬 잘 살았다는 사실을 밝혀냈습니다.

이 연구 결과는 현재 행복한 사람들이 미래에도 행복하다는 것을 의미합니다. 현재의 삶에 만족하지 못하고, 불평불만이 많은 사람들은 미래의 삶도 행복할 수 없다는 뜻입니다.

행복을 발견하는 연습, 오늘도 열심히 웃어보심이 어떨는지요? 작은 연습으로도 행복은 늘어납니다. 행복은 밝은 면을 보고 순간을 음미하며 용서를 실천하고 삶의 중요한 목표를 위해 노력하다보면 반드시 얻을 수 있는 존재입니다.

아침의 행복 편지 83

보령 나들이

어제는 가까운 지인과 지인의 노모를 모시고 보령을 다녀왔습니다. 평일이라 오가는 길도 한가하고, 탁 트여 보이는 산과 들을 보는 느낌도 상쾌했습니다. 무엇보다도 재미있었던 일은 차 속에서 주고받았던 이야기들입니다. 여러 편의 단막극을 보듯 이런저런 사람들이 살아온 삶의 흔적들을 들으며 인생의 교훈을 생각할 수 있었기 때문입니다.

어릴 때 아주 부유하게 살다 재산을 탕진하고 초라하게 노년을 사는 사람들의 사연, 빈농에서 태어나 자수성가한 주인공, 가족들 사이에 어려움만 가중시키는 사람이 있는가 하면, 누군가 그 집안을 일으켜 세우고 지키는 기둥 역할의 사람의 이야기, 결혼해서 살아온 사람들의 애환 담긴 여정이 파노라마처럼 느껴지는 이야기들, 사람들의 일상에서 주고받는 태도와 행동으로 느껴지는 정감과 상처들. 이모저모 많은 생각을 하게 하는 수업 현장이었습니다.

점심을 들기 위해 들른 어죽집 부부 이야기도 참 따뜻했습니다. 외진 곳 한 자리에서 어죽이라는 메뉴로 수십 년 동안 많은 사람들이 찾게 하는 비결이 있었습니다. 어죽집 바깥 분은 직접 고기를 잡고, 안사람은 잡은 고기를 오랜 시간 달여 양념쳐서 어죽으로 내놓습니다. 손님이 남기고 간 그릇이 샅샅이 비워 있으면 이내 당신들이 너무 인색하게 담아주지 않았나 싶어 풍족하게 주신다는 것입니다. 손님이 가고 난 뒤 어죽이 남아 있어야 마음이 편하다는 것입니다. 넉넉한 마음이 느껴지시지요. 다녀가는 손님들에게 맛난 음식 먹으며 오순도순 이야기를 나누는 추억의 장소로 만들어주고, 각박한 세상에 따뜻한 인간미를 일깨워주는 곳. 맛으로 마음으로 길이길이 기억될 점심이었습니다.

바쁜 일상에서 벗어나 시골 풍경도 보고, 세대를 넘어선 인생 이야기를 보고 듣는 일은 삶의 촉매제 같습니다. 오늘도 훈훈한 삶의 현장에서 행복의 보석을 발견하시길 빕니다.

아침의 행복 편지 84 만들고 발견하는 일

"인간은 자신의 정원을 가꾸어야 한다."
- 볼테르

행복은 인생보다 더 중요한 또 다른 어떤 곳에서 발견할 수 있는 것이 아니라 살면서 만들어가는 것입니다. 행복은 개개인이 수양해야 할 체험이지, 세상에서 만나는 객관적인 사실이 아닙니다.

행복한 순간순간의 느낌표는 그것을 느끼는 사람 개인에게 전적으로 달려 있습니다. 흔히들 행복을 추구한다고 하지만 진정으로 행복한 삶을 살기 위해서는 일상에서 행복을 발견해가는 것입니다.

오늘도 행복 느낌 가득 발견하시길 빕니다.

아침의 행복 편지 85 꿈

헨리 데이비드 소로는 '인간이 **자기가 꿈꿔 온 방향**으로 자신 있게 나아간다면, 그리고 **자신이 그려 온 삶**을 살아가려고 노력한다면, 평상시에 생각하지도 못한 성공을 이루게 될 것' 이라고 말한 바 있습니다.

나름대로 **'자기가 꿈꿔 온 삶', '자신이 그려 온 삶'** 을 품고 있으면 자연히 일상생활에 방향과 틀이 생기고, 그 삶의 의미가 분명해집니다. 그것이 크고, 강하고 구체적이면 구체적일수록 옮길 수 있는 용기와 실행력이 내면으로부터 발휘됩니다. 더구나 자신이 꿈꾸는 삶이 숭고하고 가치 있고 의미 있는 일이라면 그만큼 추진력도 강력할 것입니다.

당신이 꿈꾸는 삶은 무엇입니까? 5년 뒤, 10년 뒤 꼭 이루고 싶은 일들은 무엇입니까? 그 꿈들은 나의 장래 인생에 비추어 보았을 때 얼마나 절실합니까? 그 꿈이 이루어졌을 때 당신은 어떤 느낌을 가질까요?

꿈은 성공과 행복을 위한 강력한 기술 중 하나입니다. 매일 아침 꿈을 품고 열망하면서 하루를 열고, 오늘도 그 꿈을 실현하기 위해 땀방울을 흘리는 귀한 시간들을 보내면 좋겠습니다. 성공하는 사람들은 모두 적극적으로 대가를 치르는 사람들입니다. 그 대가 중의 하나가 꿈이 있기에 시련과 역경에 쉽게 좌절하지 않고 포기하지 않으며, 꿋꿋하게 전진할 수 있습니다.

아침의 행복 편지 86

습관

스페인의 위대한 바이올린 연주가인 사라사테를 보고 어떤 비평가가 천재라고 부른 적이 있었습니다. 그 말을 듣자 사라사테는 "내가 천재라고! 나는 지난 37년 동안 하루에 14시간씩 연습했다고. 그런 것은 생각하지 않고, 사람들은 나를 천재라고 부른다니까."라고 반격했답니다.

각자의 습관이 궁극적으로 각자의 성공 수준을 결정합니다.

좋은 습관은 좋은 결과를 낳고, 나쁜 습관은 나쁜 결과를 낳습니다.

우리는 구속된 인생을 살고 있는 듯하지만 사실 일상의 키는 내가 갖고 있습니다.

다 아는 사실입니다. 알면서도, 깨닫고도 실천하지 않으면 다 그때뿐입니다. 알면서도 안 되는 일들 - 꾸물대기, 미루기, 산만함, 엉성한 시간관리, 다짐은 있되 실천 결여, 약한 의지력, 남 탓하기 등등. 알면서도 안 되는 일들을 거듭하면서 자신에게 그럴 듯한 구실을 만들어 나쁜 습관을 지속해갑니다.

조용히 시간을 가지고 자신을 진단해보면 주변에 일어나는 모든 일상들은 내 자신의 습관에서 비롯된다는 사실을 알게 됩니다.

일단 모든 것을 자신 탓으로 돌려야 새로운 변화가 시작됩니다. 오늘! 새로 시작하는 마음으로 '알면서도 안 되는 일' 중 하나를 꼭 실천하는 하루가 되었으면 좋겠습니다. '매일 쉬지 않고 꾸준히 실천하는 습관'을 다짐해봅니다.

우리가 매일 하는 선택과 행동의 90%는 습관에 의한 것이다.
- 잭 D. 핫지

아침의 행복 편지 87 자아존중감

우리가 누군가와의 관계를 맺는 일에 있어 발생하는 문제의 대부분은 낮은 자아존중감과 관계가 많아 보입니다. 그곳에는 열등감과 자기 불신이 자리하고 있지요.

우리 주변에서 왕왕 자신만만해보이고 많은 것을 가진 듯 보이지만 안을 들여다보면 자기사랑에 목말라하면서 복잡하고 어렵게 사는 사람들이 의외로 많습니다. 자신을 사랑하는 방법을 모르며, 노력해도 채워지지 않는 그 무엇을 다른 것들로 채우려고 애씁니다.

타인에게 끊임없이 관심과 인정을 받고 싶어하고, 빈틈을 보이지 않기 위해 애쓰고, 나 자신을 포장하는 데 익숙해 있습니다. 그렇지만 내면에서는 끊임없이 자신을 깎아 내리고, 타박하고 비난하는 목소리가 쉴 틈 없습니다. 자기자신을 사랑하지 않으면 남의 평가에 집착하게 됩니다. 예로, 남이 하는 말과 행동에 지나치게 신경을 쓰고, 행여 남이 나에게 좀 소홀하게 대하는 듯싶으면 속상해하고, 사소한 행동에도 자신을 무시한 것처럼 생각하여 쉽게 분노하고 원망합니다.

누군가(가족, 친구, 이웃)를 진정 좋아하고 사랑하려면 나를 사랑하는 마음이 기저에 깔려 있어야 합니다. '나'의 외모, 학력, 재산, 지위, 권력 등과 같은 것들이 중요한 것이 아닙니다. '나'를 온전히 인정하고 받아들일 때, 비로소 나에 대한 자신감을 가질 수 있으며, 자기 주도적인 삶을 이끌어 나갈 수 있는 원동력을 마련할 수 있지 않을까요?

당신은 자기자신을 진정 좋아하십니까? 당신 자신이라 행복하십니까?

'인생을 최대한 행복하게, 만족하면서 사는 것'! 그 출발은 나 자신을 긍정하고 사랑하는 일입니다. 내가 나를 좋아해야 만족스러운 삶을 살 것이고, 그래야 행복한 인간관계를 맺을 수 있지 않겠습니까? 자신을 너그럽게 사랑하기로 마음먹고 하루를 시작하시면 어떨까요?

아침의 행복 편지 88

개미와 호랑이

개미와 호랑이가 지내는 하루의 모습은 천지 차이입니다. 개미는 한없이 무엇인가를 찾고 모으려고 부지런히 움직이지만, 호랑이는 느긋하게 지내다 배고픔을 채워줄 상대가 나타날 때 놀라운 속도로 달려가 제압합니다. 우리들에게는 개미와 같은 성실함도 필요하지만 호랑이처럼 선택과 집중하는 자세도 필요합니다.

흥미로운 스포츠 심리 연구 중 하나가 세계 최고 순위에 드는 테니스 선수들과 100위권 안에 드는 선수들의 차이에 관한 것입니다. 이들은 흥미롭게도 육체와 운동 능력에 있어서는 차이가 거의 없는 반면 한 가지 변수에서 큰 차이를 보였는데 바로 집중하는 능력의 차이였습니다.

점수를 얻는 과정에서의 집중도와 공격들 사이에 취하는 휴식과 이완의 정도에서 큰 차이를 보이는 것이지요. **집중과 이완을 균형 있게 가져갈 수 있는 능력**이 핵심입니다. 다시 말해 일할 때는 미친 듯이 일하고, 쉴 때는 푹 쉴 수 있는 능력이 성공의 열쇠입니다.

오늘도 한 분 한 분마다 24시간을 집중과 이완의 균형을 찾는 지혜를 발휘하셨으면 좋겠습니다.

아침의 행복 편지 89

친밀감

1박 2일 직장 연수로 경주를 다녀왔습니다. 경주를 방문할 때마다 잘 뚫린 도로와 울창한 숲, 푸른 하늘과 어울린 고색창연한 사찰(寺刹)이 있어 편안하고 좋은 느낌을 받습니다. 천년 고도 문화의 전승 · 융화 · 창조를 표방하는 주제어 '새 천년의 미소'가 도로 곳곳에 눈에 띄었습니다. 참 좋은 표어라는 생각이 들었습니다. 천년이라는 역사도 그렇고 오랜 전통으로 내려왔을 신라인의 미소와 숨결도 친밀하게 느껴지고, 새로 펼쳐질 새 역사 안의 미소에 무엇을 담을까 우리에게 화두를 던지는 듯싶어서요. 과거와 현재, 그리고 미래!

인간관계도 서로 지난날의 추억을 공유하고 현재를 살면서 더욱 더 공감대를 넓혀 미래를 향해 갑니다. 서로를 더욱 가깝게 느끼게 하고 그 관계를 더 성숙하게 발전시키는 토대가 친밀감이 아닐까요? 서로 다른 사람이 만나서 친밀감이 생기면 가깝게 느껴지고 대화도 풍부해지게 마련입니다. 하지만 정체된 친밀감은 관계를 발전시킬 수 없습니다. 우리를 가깝게 해주는 것은 동질성(同質性)이지만, 친밀감으로 계속 유지시켜 줄 수 있는 것은 '새로움'이기 때문이죠.

상대방에게서 그동안 보지 못했던 '새로움'을 발견하는 일, 각자의 일상에서 깨달은 '새로움'을 나누며 '우리'를 만들어가고 성장해가는 것! 삶이란 시간과 함께 걷는 것! 오늘도 '새 천년의 미소'를 지으며 '새로움'을 써가는 일상을 만드시길 빕니다.

아침의 행복 편지 90

사회적 연대감

어제 일요일, 저에게는 젊은이들에게서 희망을 발견한 뜻깊은 날이었습니다. 어려운 환경에서 자라고 있어서 남들처럼 번듯한 과외나 학원을 다닐 수 없는 청소년들에게 희망을 심어주는 프로그램을 운영하고 있는 'CLC 희망학교'를 방문했습니다. 저소득층 청소년들에게 빈곤의 대물림이 일어나지 않게 교육격차 해소 차원의 방과 후 학습과 사회 정착 차원의 진로직업교육 프로그램을 담당할 3기 멘토단, 교사단을 위한 연수 강의가 있었습니다.

그곳에서 만난 젊은 멘토단은 연수 후 프로그램에 참여하는 청소년들 인성교육을 위한 멘토링을 담당할 예정인데 대학 1학년생부터 사회생활을 하는 젊은 남녀로 구성되어 있었습니다. 교사단 역시 다양한 경력을 지닌 사회인들로 구성되어 있었습니다. 젊은이들이 하고 싶은 일에 몰두하기보다 스펙 쌓기에 바쁜 요즈음 자신들의 주말과 주중 시간과 재능을 어려운 사람들을 위해 기꺼이 내놓은 일, 감동이 아닐 수 없습니다.

물질적 풍요 속에 사는 사람들에게 정신적 풍요로움이 함께한다면 얼마나 좋을까요? 그런데 앞선 사람들의 경험에 비추어 그 두 가지는 병존할 수 없는가 봅니다. 일상을 살아가며 각자가 한쪽으로 편향되지 않도록 조화와 균형을 찾는 지혜가 필요한 것 같습니다. 정신적 풍요로움의 바탕에는 누군가와 '함께' 하는 사회적 연대감과 누군가를 위한 '나눔'이 있는 듯싶어요.

우리 사회가 자라나는 어린이들에게 일찍부터 정신적인 풍요로움을 가르치고 경험할 수 있는 교육이 된다면 얼마나 좋을까요? '너만의 고유한 재능이 무엇인지' 알고 '그 재능을 세상에 어떻게 베풀어 존경받을 것인가'를 진지하게 고민하고 실천하는 일 말입니다.

자원봉사는 인간이 무언가 가치 있는 부분에 소속되고, 남에게 필요한 존재가 되는 귀한 경험을 하는 일입니다. 희망학교에 참여한 멘토단과 교사단에게 응원의 박수를 보내며 오늘도 보이지 않는 각자의 자리에서 우리 사회의 정신적 풍요로움을 회복하기 위해 열심히 일하는 분들을 기억해 봅니다.

새로운 한 주! 나 역시 '내 자리에서 만나는 모든 사람들에게 어떻게 하면 도움이 될 수 있을까?' 자문하며 지내심이 어떨는지요? 우리는 내면의 풍요로움을 그리는 영혼을 간직한 사람들입니다. 행복한 한 주 만드시길 기원합니다.

아침의 행복 편지 91

'시몬트 요법'

아는 자보다는 좋아하는 자, 좋아하는 자보다 진정으로 즐기는 자가 최고라는 말이 있습니다. 행복을 느낄 때의 감정 중 즐거움, 참 중요한 것 같습니다. 당신은 하루를 진정으로 즐기면서 사는 느낌이 드시나요? 언제 진정으로 즐거움을 느끼시나요?

나이가 들며 점점 신경 쓸 일들이 많아져서 그런지 즐거움을 느끼는 일이 없어지는 것 같습니다. 누군가를 사랑할 때, 뜻한 바를 이루었을 때, 멋진 풍광을 한눈에 바라볼 때, 휴가를 생각하며 짐을 쌀 때… 생각만 해도 즐겁지 않습니까? 그런데 이 즐거움이 사람을 행복하게 하는 건 물론이고 병까지 고친다는 사실을 들어보셨나요?

방사선 암 치료 전문가인 칼 시몬톤 박사가 개발한 요법입니다. 어느 날 말기 암으로 병원에서 한 달밖에 살 수 없을 거라는 진단을 받은 환자가 방문했습니다. 시몬톤 박사는 이 환자에게 남은 시간 동안 진정으로 하고 싶은 게 무엇인지 물었고, 환자는 세계일주를 하고 싶다고 대답했습니다. 박사는 하고 싶은 세계일주를 하라고 강하게 권유하고, 일주일 단위로 엽서를 보내달라고 부탁했습니다. 환자는 재산을 팔아 세계여행을 떠났고, 약속대로 박사에게 엽서를 보냈습니다.

놀라운 사실은 진단대로라면 네 번밖에 못 올 엽서가 한 달이 아니라 여섯 달 동안 왔고, 일 년 뒤 여행에서 돌아온 환자를 검사했을 때 암은 흔적도 없이 사라졌습니다. 시몬톤 박사는 이 사건을 계기로 사람이 즐거워지면 면역 체계가 강해져 병을 치료할 수 있다는 결론을 내렸습니다. 환자를 즐겁게 해서 병의 증세를 나아지게 하는 요법을 박사의 이름을 따서 '시몬톤 요법'이라고 부릅니다.

즐거움이라는 감정이 면역체계 개선을 통해 질병 치료에 도움을 준다는 사실, 즐거움이 사람을 행복하게 하며, 행복한 사람이 불행하거나 우울한 사람보다 건강하다는 사실은 여러 연구 결과들이 입증하고 있습니다. 어떻게 하면 즐거울 수 있을까요? 비록 말기 암 환자처럼 모든 걸 다 그만두고 세계여행을 갈 수는 없어도 일상을 잘 들여다보면 즐거움은 많습니다.

맛있는 음식을 먹으며 즐거움을 느껴보십시오. 땀 흘리는 운동을 하며 즐거움을 느껴보십시오. 사랑하는 사람과 함께하는 즐거움을 신나게 느껴보십시오. 칼 시몬톤 박사는 환자들에게 '하루에 적어도 네 가지 즐거움을 찾으라'는 처방전을 발행했다고 합니다. 우리가 일상을 살면서 한두 가지 즐거움으로는 충분하지 않으니, 최소 네 가지 정도는 찾아서 즐겁게 살라는 뜻일 겁니다.

즐거움은 거창한 곳에 있지 않습니다. 날마다 우리를 즐겁게 하는 것은 아주 작은 일들입니다. 아침에 일어나서 듣는 새소리, 사랑하는 사람과 마시는 향기로운 커피 한 잔과 이야기들, 피곤한 하루를 마감하는 기분 좋은 샤워. 여름휴가 계획을 위해 인터넷 서핑하는 일… 오늘 여러분을 행복하게 할 네 가지 즐거움이 무엇인지 찾으며 활기차게 하루를 시작하심이 어떨는지요?

느티나무

누구나 시골 고향을 떠올릴 때면 고향마을 어귀에 짙은 그늘을 드리우고 서 있는 거구의 정자목(亭子木)을 떠올리게 됩니다. 그런가 하면 물 좋고 바위 좋은 명승지에 산뜻하게 지은 정자 곁에도 거의 예외 없이 큼직한 나무가 그늘을 드리우고 있게 마련이지요. 이런 정자목의 십 중 팔구는 느티나무입니다.

마을 입구에 들어설 때 이렇게 아름드리 느티나무가 한 그루 서 있으면 그 마을의 내력이 읽혀집니다. 그 곳은 분명 짧게는 수십 년, 길게는 수백 년 동안 마을 사람들이 함께 어울려 지내기에 좋은 마을이었음을 짐작할 수 있습니다.

느티나무는 마을의 수호신이자, 동네의 수많은 사람들에게 쉼터를 제공해주며 오랜 세월 마을 주민들의 개인사나 가족사를 묵묵히 지켜봅니다. 언제나 넉넉한 풍채를 자랑하며 동네 어귀를 지키는 든든한 느티나무는 오늘도 내일도 우여곡절의 삶 속에서 살아가는 마을 사람들에게 마치 어머니 품속처럼 위로와 용기, 믿음을 주고 있습니다.

우리 자신도 각자의 자리에서 가까운 사람들에게 든든한 울타리가 되는 느티나무 같은 존재가 되어야 하겠지요. 사람들이 언제나 가까이 다가와 속마음을 나눌 수 있는 상대가 되어 주는 것. 묵묵히 믿고 기다려주는 넉넉한 마음의 소유자. 아무리 힘든 광풍이 몰아쳐도 제일 먼저 방패막이 역할이 되어 주는 모습.

요즈음 사람들에게는 느티나무 같은 존재를 모두 그리워하며 삽니다. 부모로서, 어른으로서, 선배로서, 동료로서, 친구로서…. 오늘도 행복한 일정 보내시길 빕니다.

아침의 행복 편지 93 쾌락 적응

사람들은 삶의 환경이 변화되면 행복할 것이라고 생각합니다. 새집으로 이사가기, 새직장 얻기, 신규 모델인 자동차나 스마트폰 구입하기, 승진하여 새로운 직무 맡기 등등. 그래서 그런 소망을 이루면 행복할 것이라는 생각에서 끊임없이 환경변화를 시도하고 집착합니다.

사람들은 감각적이고 생리적인 변화에 빠르게 익숙해진다고 합니다. 멋진 차를 장만하고 넓은 집으로 이사만 가면 마냥 행복할 것 같았지만 어느덧 당연한 일상이 되어 생각보다 행복감이 오래 가지 않았던 경험이 있을 것입니다. 이를 쾌락적응 현상이라고 합니다. 처음에는 기쁨을 주던 것들이 시간이 갈수록 그다지 기쁘지 않고 당연한 것이 되어 더 좋은 것, 더 색다른 것을 찾게 됩니다.

이런 쾌락적응 현상은 두 가지 이유로 인해 일어납니다. 하나는 기대가 높아져서이고, 다른 하나는 사회적으로 비교를 하게 되기 때문입니다. 결국 신형 자동차를 구입하더라도 얼마 지나지 않아 새로운 모델이 나오고 다시 더 새로운 기능을 필요로 할 가능성이 커지는 것입니다. 이런 욕구는 주위 사람들과의 비교 속에서 끝도 없이 현실에 만족하지 못하게 만들 만큼 자라나 버립니다. 각종 모임을 통해 내가 가진 것보다 더 좋은 물건을 보게 되는 나의 물질적 기대치를 높일 만한 사건은 너무 자주 일어납니다.

내가 원하는 것들이 내 것이 되는 순간 쾌락적응으로 인해 행복감은 저 멀리 달아납니다. 쾌락적응현상을 극복하려는 지혜는 첫째, 환경 변화나 물건 소유에 집착하기보다는 무언가를 경험하는 데 시간과 돈을 써야 합니다. 경험에서 얻어지는 행복은 좀처럼 쾌락적응이 일어나지 않아 좀 더 오래 지속되는 경향이 있습니다. 예를 들어 무언가를 배우는 것, 여행을 가거나 공연을 보는 것 등은 익숙해져도 여전히 즐겁습니다. 경험 속에서 얻은 기쁨은 소유물을 늘려서 얻은 기쁨과는 달리 시간이 지나도 쉽게 사그라들지 않습니다. 또 하나는 남들을 지나치게 의식하거나 비교하지 않는 일입니다. 지금 상황(처지)에 감사할 수 있는 마음가짐으로 누리고 'My way' 를 사는 것입니다. 오늘도 쾌락적응에 빠지지 말고 'My way' 를 뚜벅뚜벅 걸으심이 어떨는지요?

아침의 행복 편지 94 사람들의 심성

스페인 남부 여행 중 조그만 마을(Nerja 네르하)에서 있었던 일화입니다. 네르하는 "발콘 데 에우로빠"(Balcon de Europa=balcony of Europe=유럽의 발코니)라 불리는 곳이 있어서 유명하답니다. 탁 트인 지중해를 한눈에 볼 수 있는 절경이죠. 저의 일정은 큰 두 도시 사이에 위치한 곳이라 버스로 이동하여 점심식사를 하고 3~4시간 동안 전망대와 해변가를 산책할 계획이었습니다. 문제의 발단은 큰 여행용 캐리어가 산책에 방해되지 않도록 어딘가에 맡겨야 하는 것이었습니다.

마침 제가 도착한 시간이 이른 점심시간이어서 한가하면서도 큼직한 한 마을 식당을 찾아 들어갔습니다. 만일 캐리어를 맡아주면 이곳에서 점심식사를 하겠다는 의사를 종업원에게 타진하고, '전혀 문제없다' 는 종업원의 환한 미소와 함께 답을 듣고는 여유롭게 시원한 맥주와 함께 점심을 했습니다. 문화는 달라도 인지상정이겠거니 하고 흐뭇해했죠. 그런데 막상 계산 후 짐을 맡기려하니까 뚱뚱한 아주머니가 자기가 보스라며 맡아줄 수 없다는 것이었습니다. 분명히 저 종업원에게 맡아줄 수 있다는 답을 듣고 이곳에서 식사를 했다는 설명과 함께 어이없다는 표정을 지었는데 막무가내였습니다. 종업원은 멀찌감치 서서 멋쩍은 웃음을 지으며 미안하다는 표정뿐이었습니다. 긴 시간 많은 관광객들의 틈 사이를 뚫고 유럽의 발코니를 방문하는 꼴불견(?)을 연출하였답니다.

동서양은 분명 문화에 차이가 있지만 사람들의 심성만큼은 문화와는 관계없는 듯싶습니다. 어디를 가도 매정하고, 불친절하고, 자기이익에 손해가 될 만한 일에는 바로 손사래 치는 사람이 있기 마련인가 봅니다.

육신은 영혼의 하프, 감미로운 음률이 흘러나올지,
시끄러운 소리가 터져 나올지는 그대 손에 달렸다.
- 칼릴 지브란

서로가 만나는 이에게 이해와 위안, 용기와 힘을 줄 수 있는 영혼의 악기를 연주하는 나날이 되길 소망해봅니다.

아침의 행복 편지 95 사회적 가면

아침에 일어나서 세수를 하고 남자들은 스킨로션을 바르고 여성들은 화장을 하고, 나름 정성을 들여 선택한 복장을 하고, 집을 나서서 하루 일과를 보냅니다. 세수를 하고 화장을 하는 이유, 수시로 옷을 갈아입는 이유는 단순히 피부 건강이나 계절을 생각해서 하는 일만은 아니겠지요? 남들에게 좋은 자신의 모습을 보여주기 위한 하나의 분장술이기도 할 것입니다. 저녁에 힘든 바깥생활을 마치고 돌아오면 화장을 지워 맨 얼굴을 하고 가장 편한 복장으로 바꾸어 입습니다. 우리는 매일마다 '사회적 가면'을 썼다 벗었다 하는 예식행위를 하는 셈입니다.

사람은 누구나 사회적 가면을 쓰고 살아갑니다. 내 자신도 가면을 쓰고 살아가면서, 때때로 타인을 향해 가면을 썼다고 비난하기도 합니다. 겉과 속이 다르다고! 반대로 상대가 있는 그대로를 솔직하게 드러내기라도 하면 이번에는 너무 이기적이라고 비난합니다. 자기가 누구를 사랑하면 로맨스고, 남이 하면 불륜이라고 하는 것처럼 말입니다.

살다보면 마음속으로는 화가 나는데도 웃어야 할 경우도 있고, 별로 화나지 않음에도 불구하고 근엄한 얼굴을 해야 할 때도 있습니다. 이런 일들은 모두 나를 둘러싼 환경(사회)이 요구하는 얼굴들입니다. 사회적 가면은 분명 때에 따라 유익한 점도 있지만 지나치게 분장하게 되면 유해할 수도 있습니다. 남의 눈치를 보다 정작 자신은 사라지는 격이지요.

요즈음 우리 사회는 경쟁 속에서 살아남기 위해 더욱 더 '사회적 가면'을 써야하는 압박감을 주는 것 같습니다. 가끔은 내 자신도 다른 사람들과의 관계에서 눈치를 보면서 기분을 맞춰주려고 노력하는 모습을 종종 보게 됩니다. 마음대로 움직여주지 않는 상대편에게 마음을 쓰며 고심하느라 제 자신의 에너지를 허비하는 셈이지요. 내가 선택할 수 있는 것, 내가 온전히 좌우할 수 있는 것은 '나' 자신뿐인데 말입니다.

오늘은 의식적으로 화장한 얼굴이 아니라 맨얼굴로 당당하게 나서면 어떨는지요?

U턴

터키 속담에 '잘못된 길은 아무리 많이 갔더라도 뒤로 돌아서라'는 말이 있습니다. 지도 한 장을 들고 낯선 버스정류장, 기차역, 숙소, 관광안내소, 방문지, 식당 등을 찾아 헤매면서 얻은 깨달음 중 하나가 바로 '되돌아가는 것(U 턴)'이었습니다. 틀렸어도 다시 되물어 가면 됩니다.

무턱대고 자신이 해석한 방향을 믿고 앞으로만 가면 결국 시간과 에너지를 소진하게 되고 목적지와는 사뭇 멀어지게 마련입니다. 지혜로운 방법은 내가 생각한 바를 지나가는 행인과 경찰, 식당 주인들에게 물어 확인하는 것이었습니다.

우리의 일상도 가끔은 제대로 된 방향을 향해 가고 있는지 반문해 봄직합니다. 내 나름 본연의 삶이 무엇인지? 지금 이대로 행복한지? 내 삶에서 가장 소중한 것은 무엇인지? 내 삶으로 인해 가족들과 이웃들에게는 유익한지를 묻고 확인하는 일!

앞을 향해 무한 질주하고 있는 모습이 행여 내 모습이 아닌지요? 자신의 지식과 경험에 대해 지나치게 집착하여 자기주장이 강하고 갈등의 소지를 불러일으키는 일, 남들보다 우월하려는 욕망에 사로잡혀 남을 인정하는 데 소홀한 일, 남에게 어떻게 보여질까 두려워 늘 걱정하며 살아온 나날들, 가족과 이웃에 대해서는 무관심하고 독선적이며 오로지 자기 자신만을 생각해온 나날들….

삶에서도 가끔은 '되돌아가는 것(U 턴)' 이 필요한 것 같습니다. 일상에서도 무턱대고 앞을 향해 나가며 행여 불필요했던 것은 없는 지 묻고 확인하여, 줄이고 버리고 비우며 털어내는 일이 지혜로운 것 아닌가요? 오늘도 소박한 행복 일구는 하루 되시길 빕니다.

아침의 행복 편지 97 **온정의 힘**

사람들이 일상을 사는 이유가 무엇일까요? 만약 그 이유를 '그저 태어나서 사는 것' '그냥저냥 살다가는 것' '먹고 살기 위해서 사는 것' '마지못해 하루하루 사는 것'이라고 대답한다면 뭔가 스스로 만족스럽지 못하고 자포자기하는 것 같아 '이대로는 아닌데…'라는 마음의 움직임이 느껴지실 겁니다. 그 대신 '행복하기 위해서' '자아실현을 위해서' '탁월한 삶을 위해서'라는 이유는 또 너무 거창하고 막연하게 느껴지나요? 글쎄요!

어떤 이유에서 살든 우리 모두는 고통을 덜 느끼고 안락한 삶을 살기를 원합니다. 모두가 서로 사랑하면서 말입니다. 모두가 사랑을 원하지만 우리 자신 혹은 다른 사람의 부정성 때문에 그리 쉽게 서로를 사랑하면서 살기는 쉽지 않습니다. 그래서 우리는 각자 오랜 시간 동안 사랑 대신 미움과 원망, 분노, 탓과 같은 사랑을 거스르는 상태에 머물게 됩니다. 그 상태에서 오래 머물면 머물수록 고통은 사라지지 않고 깊어지며 만성적이 되어 한 사람의 성격마저 바뀌게 합니다.

우리가 자주 경험하는 이런 감정의 혼란 속에서 고통을 덜 받는 방법(자유로워지는 방법) 중 하나는 온정의 힘으로 모든 것을 보려는 태도가 아닌가 생각합니다. 순간순간 느끼는 나 자신이나 상대방의 부정적 감정에 휩싸이면 모든 게 희망을 잃고 막다른 골목에 이르기 쉽습니다. 이럴 때 그런 감정을 확장된 공간에서 바라보는 법을 배우면 비로소 모든 경험 속에서 선을 얻을 수 있을 것입니다.

부정적 감정으로 혼란이 생기는 상황을 확장된 공간에서 바라보기 위한 최선의 방법은 이렇게 스스로 질문하고 답하는 것입니다. "이 상황에서 어떻게 나의 성장을 돕고 내 자신 혹은 남들을 자애심으로 너그럽게 대할 수 있게 도울까?"를 생각하는 겁니다.

우리에게 하루하루의 삶은 가장 신성한 직업이자 새로운 변화를 위한 터전입니다. 행복의 원천인 '일, 사랑(가족 및 친구), 여가와 놀이, 건강, 삶의 의미'를 대하는 방식에는 온정과 선함, 너그러움 같은 진심이 늘 묻어 있어야 하지 않을까요? 오늘도 상큼하게 시작하시길 빕니다.

사회적 지지감

우리나라가 경제협력개발기구(OECD) 국가 중에서 삶에 대한 만족도는 평균 이하이고, 사회적 지지감은 최하위권이라는 조사 결과가 나왔습니다(서울신문 2013년 11월 6일자). 한국은 의지할 수 있는 친척이나 친구가 있는지를 묻는 사회적 지지감 조사에서는 77%만이 긍정적으로 답해 OECD 국가 중 3번째로 낮게 나왔습니다.

한 사람이 행복하게 살려면 주위 사람들의 사회적 지지감이 매우 큽니다. 개인의 재능을 발휘하는데도 역시 주위 사람의 사회적 지지감은 중요합니다. 모든 개개인은 충분한 잠재력을 깨닫기 위해 지속적인 지지체계가 필요한 셈이지요.

한 사람이 받는 사회적 지지는 부모님으로부터, 형제자매로부터, 선생님으로부터, 친구 친지로부터 등 다양한 사람들로부터 받을 수 있습니다. 만약 자녀가 무언가 생각한 것을 부모에게 말할 때, 부모가 가차없이 자녀의 의견을 무시해버린다면 자녀는 상처를 받겠지요. 그렇게 자녀의 성장기 내내 자녀의 생각과 말과 행동들이 부모로부터 무시되거나 묵살된다면 당연히 부모는 증오의 대상이 될 터이고, 경우에 따라서는 예기치 않은 범죄행동으로 이어질 수 있습니다.

누군가 잘 되려면 주위 사람들에게 충분한 격려와 지지를 받아야 하며, 주변 사람들이 잘 되게 하려면 우리가 그들에게 지지와 격려, 칭찬을 주어야 합니다. 사회적 지지는 성공적인 대처와 만족을 주며, 효과적인 삶을 촉진하지요. 그뿐만 아니라 사회적 지지는 스트레스원의 발생을 감소시키고, 스트레스 영향을 완화하며, 스트레스에 대한 생리적 반응을 감소시키는 인간-환경 간의 상호작용으로 이어집니다.

뛰어난 사람들의 배경에는 반드시 꾸준하게 지속적으로 사회적 지지를 해준 사람들이 있습니다. 우리가 행복하게 살아가려면 자신이 편안하게 느끼는 사람들의 강렬한 사회적, 정서적인 도움을 필요로 합니다. 각자 부모, 교사, 친구, 동료 선후배, 연인으로서 가까운 사람들에게 큰 힘이 되어주는 것! 그것은 상대방을 성장시키고 더불어 누군가를 돕는 뜻 깊은 일이기에 내게도 큰 행복감을 주는 일입니다.

4월 첫날입니다. 서로가 서로에게 각자의 자리에서 사회적 지지를 보내는 하루 만드시면 어떨까요?

아침의 행복 편지 99 존중

'존중은 평상복 차림의 사랑이다'
- 프랭키 바이런(Frankie Byrne)

당신은 속상하고 화날 때 그 표현을 가장 많이, 가장 쉽게 누구에게 하시나요? 혹시 그 대상이 가족이나 친구 아닌가요? 가장 친밀하고 가까운 사람들에게 그런 부정적인 감정의 표현을 할 때 상처를 주거나 언짢게 하는 편이신가요? 아니면 비교적 상대방에게 상처를 주지 않으면서도 나의 입장을 점잖게(?) 표현하시는지요?

경험적으로 우리는 모르는 사람들에게는 아주 친절하고 가장 가까운 사람들에게 더 화를 내는 경향이 있습니다. 특히 가족들에게 고통스럽거나 상처 되는 말을 함부로 하곤 하지요. 물론 오랫동안 함께하면서 쌓아온 친밀감이나 다 이해해줄 거라는 비현실적인 기대로 그럴 수도 있습니다. 하지만 그렇다 해도 가까운 식구들에게 친절과 너그러움 대신 비난, 경멸, 모욕적인 언사나 적대적 행동 등은 정당화될 수 없지 않겠습니까?

아무리 행복한 가정이라도 가족끼리 항상 대화가 잘 될까요? 아니 사람 사는 데에 어찌 문제가 없겠습니까? 크고 작은 문제들이야 생길 수 있지요. 중요한 것은 문제의 있고 없음이 아니라 그 문제를 '어떻게 푸느냐' 일 겁니다. 그러니까 진짜 싸움의 실마리가 된 문제보다도 어떻게 싸움을 잘하느냐가 문제이겠지요.

문제가 생겼을 때 마음속으로 새겨 볼 만한 다짐이 있습니다. 바로 우리가 평상시 만나는 사람들에게 하는 만큼만 사랑하는 사람들을 대하자는 것이지요. 그다지 가깝지 않은 사람들에게 평소 하지 않을 행동을 가까운 사람들에게도 행하지 않겠다는 것이지요.

험난한 세상에 살면서 아군이자 동지가 되어야 할 가장 가까운 사람들을 적군처럼 대하는 어리석음을 경계하는 일! 참 중요하지 않을까요? 상대방의 불완전함이나 약점, 미숙함에 주목하는 대신 장점과 긍정적인 면을 포착하는 습관으로 감사한 마음을 지니는 지혜! 우리가 명심하며 살아야 하지 않을까요? 부드럽고 조용히, 천천히!

청소년기

청소년 시기는 아동기와 더불어 인간발달 측면에서 여러모로 참 중요한 시기임에 틀림없습니다. 인생에 중요한 영향을 미칠 요소들을 준비하고 선택하는 시기이니 말입니다. 친구들 사귐, 진로 선택, 가치관 선택, 자아정체감 확립 등등.

'고교 때 운동한 효과 여든 살까지 간다' 라는 말을 믿으시겠습니까? 청소년기에 얼마나 운동을 활발히 했느냐가 중년기 이후, 70~80세의 건강에까지도 영향을 미친다는 흥미로운 연구 결과가 나왔습니다.

미국 이타카의 코넬 대학교 연구팀이 재향군인 712명을 대상으로 조사한 결과, 인생의 후반기에 체력이나 신체적 건강의 여부를 예상하는 데 가장 효과적인 기준은 고교 때 얼마나 운동을 활발히 했느냐인 것으로 나타났습니다. 고교 때 운동을 열심히 한 이들은 병원을 찾은 횟수도 매우 낮은 것으로 조사됐습니다. 연구에 함께 참여한 스위스 연방기술연구소의 시몬 도흘레 박사는 "젊은 시절에 운동을 하지 않은 이들은 나중에 긴 시간 동안 그로 인한 대가, 즉 만성질환이나 조기 사망 등의 위험에 처하게 된다는 것을 말해준다."고 설명했습니다.

학업에 치여 운동마저도 틈을 내기 어려운 실정의 우리 청소년들을 위해 가정과 학교에서 한 번쯤 진지하게 생각해야 할 내용 아닐까요? 사실 운동은 건강뿐만 아니라 학업스트레스, 긴장, 공격성, 욕구불만, 좌절 등을 자연스럽게 해소할 수 있는 기회를 주기도 합니다. 더불어 규칙 준수와 스포츠맨십, 협동과 역할분담을 통해 다른 사람들과 어울리는 데 필요한 사회성 증진에도 효과적입니다.

한 연구에 따르면 우리나라 초 · 중 · 고교 학생의 5명 중 1명이 일주일에 30분 이상 운동을 하지 않는 것으로 조사되었는데요. 공부하는 틈틈이 자신에게 맞는 운동을 찾아 친구들과 어울려 운동하도록 장려해야 하지 않을까요? 문득 심각해지는 학교폭력 문제도 이와 무관하지 않나 생각이 드는군요. 야외활동하기 좋은 계절, 청소년들에게 적극적으로 운동하는 것을 장려하시지요.

* 연구에 관한 내용은 코메디뉴스 2014년 1월 1일자를 참고했습니다.

버킷리스트

'인류가 이룬 모든 업적은 소망의 선물'
- 마르틴 루터 킹 목사

인생에서 참으로 중요한 것은 눈에 보이지 않는 곳에 숨어 있습니다. 소망도 그 중 하나이지요. 각자 자신이 지닌 소망에 따라 인생이라는 도화지에 그려지는 그림이 달라질 것입니다. 소망에 따라 그림의 내용과 형태, 색깔이 달라지기 때문입니다.

버킷 리스트 : 죽기 전에 꼭 하고 싶은 것들! 우리가 인생에서 가장 많이 후회하는 것은 살면서 한 일들이 아니라, 아직 하지 않은 일들이라고 하지요. 후회 없는 인생을 살기 위해서는 자신의 소망(꿈)을 기록하고, 그 소망(꿈)을 위해 적극적으로 자신의 삶 속으로 뛰어들어야 하겠지요.

버킷리스트에는 단순한 바람이 아니라 반드시 하고 싶은 일을 적는 것이 좋습니다. 그저 막연하게 '하고 싶다'는 생각만으로는 부족하고 '꼭 이것을 이루기 위해 어떤 노력이든 해 내겠다'는 절박함과 다짐이 필요합니다. 꼭 거창한 일일 필요는 없습니다. 지금 바로 행동에 옮길 수 있는 사소한 일상의 것부터 실천할 수 있는 것이 중요합니다.

소망은 자신이 이루고자 하는 목적의 속삭임입니다. 우리 각자가 처한 환경은 마음대로 통제할 수 없지만 거기에 반응하는 방식은 얼마든지 조절할 수 있습니다. 마틴 루터 킹 목사의 말을 이렇게 바꾼다면 어떨까요? '내가 이룬 모든 업적은 내 소망의 선물' 이다.

영화 '버킷리스트' 중 명 대사를 소개합니다.

"자네 그거 아는가, 고대 이집트인들은 죽음에 대해 멋진 믿음을 가지고 있었다네. 영혼이 천국의 입구에 다다를 때, 신은 그들에게 두 가지 질문을 했다네. 그들의 대답에 따라 그들이 천국으로 갈지 말지가 결정되었다네."

Have you found joy in your life ?

Has your life brought joy to others ?

당신의 버킷리스트에는 무엇이 들어가 있습니까? 오늘도 그 목록 중 하나를 위해 정진하고 계신가요?

스트레스

스트레스란 적응하기 어려운 환경에 처하거나 해로운 자극이 가해졌을 때 신체적 심리적 긴장 상태를 말합니다. 흔히들 스트레스는 만병의 근원이라고 합니다. 문제는 스트레스의 정도와 내용, 지속성이 문제이겠지요.

단기적이면서 적당한 스트레스는 생활의 촉진제로 개인의 발전과 건강에 도움이 됩니다. 이를 테면 시험에 대한 스트레스로 공부를 하게 된다든지, 스트레스를 받게 되면 누군가와 결속력이 높아진다든지, 일시적인 스트레스는 부신으로 하여금 염증을 예방하는 코티솔의 분비를 촉진시켜 감기와 같은 면역력을 증가시키는 효과도 있다고 합니다.

반대로 과도한 스트레스나 스스로 통제할 수 없는 만성적인 스트레스는 늘 괴로움, 고통, 근심을 달고 살아야 해서 개인의 에너지를 고갈시키고 결국 질병에도 취약하게 만듭니다. 만성적인 스트레스의 원인으로는 인간관계에서 오는 것을 빼놓을 수 없을 것입니다. 좋은 인간관계는 상대방에게 스트레스를 극복할 수 있는 힘과 용기, 위로를 주지만, 거꾸로 극심한 스트레스의 원인이 된다면 상대방에게 정신적으로 고통을 주어 성장 의욕을 꺾고 결국 피폐하게 만들 수 있습니다.

당신은 가까운 가족에게, 직장 동료 선후배에게 일상에서 받는 스트레스를 풀도록 독려하는 입장입니까? 아니면 당신으로 인해 힘들어하는 사람들이 많은 편입니까? 일과 관련된 것이라면 힘겨운 일을 처리했어야 했던 경험들이 우리를 단련시켜 훗날 강하게 만드는 점도 있겠지만 인간관계에서 받는 극심하고 반복적인 스트레스는 개인적으로 큰 '트라우마(상처)' 가 되어 훗날에도 부정적인 영향으로 평생 작용할 가능성이 큽니다.

어느 누구도 살면서 스트레스를 피할 수 없습니다. 다만 나로 인해 다른 사람들이 스트레스를 받아 개인의 성장과 행복이 방해된다면 이는 잘 살펴보아야 할 대목입니다. 이번 한 주 각자 가까운 사람들과의 관계를 잘 살펴보시면서 스트레스를 극복할 수 있는 힘 '행복의 촉진제' 를 주위 사람들에게 듬뿍 주심이 어떨는지요? 오늘도 행복한 한 주를 위한 시동을 기쁘게 걸어보시지요.

아침의 행복 편지 103 83% : 17%

내 마음에 쏙 드는 사진 간직하고 계신가요? 다른 사람들은 내 사진 중 어떤 것을 최고의 사진이라 해도 내 맘에는 별로 들지 않은 경우가 있지요. 주말에 시간 내어 꼭 내 마음에 드는 사진을 꺼내 보셔요. 흥미로운 아래 내용을 음미하면서요.

파리 루브르박물관에 있는 모나리자 그림을 한 번쯤 보셨지요? 미소가 편안하고 행복해 보이는 그림! 너무 경박하지도 않고 헤퍼 보이지 않는 절제된(?) 미소가 절묘한 인간의 품위와 행복을 나타내 주는 듯 싶습니다.

일리노이대학에서 젊은 여성들의 얼굴을 조사하여, 중립적인 표현의 평균에 비교하여 컴퓨터로 감정을 분석하는 감정인식 프로그램을 만들었습니다. 암스테르담 대학에서는 이 감정인식 소프트웨어를 이용해 모나리자 미소를 분석해 보니 83%의 행복과 17%의 부정적인 정서(혐오감 : 9%, 두려움 : 6%, 성냄 : 2%)가 포함된 것으로 나타났다는 것입니다.

이 결과는 우리들에게 적절한 수준의 행복에 대한 힌트를 줍니다. 우리는 일상생활에서 항상 행복감에 싸여 살 수가 없습니다. 누구나 크고 작은 부정적인 감정들을 경험하게 되지요. 행복과학은 지나치게 행복한 사람보다도 '모나리자의 미소' 처럼 83퍼센트의 기쁨과 17퍼센트의 슬픔이 조화롭게 균형을 이룰 때야말로 장기적으로 성공적인 삶을 살 수 있다고 설명합니다.

아마도 17퍼센트의 부정적인 감정은 우리들에게 너무 완벽하게 살 수 없으니 더 겸허하라고, 더 충실하라고 깨우침을 주는 것인지도 모르겠습니다. 누구나 그런 부정적인 감정을 느끼며 사니까 너무 거기에 매몰되지 않도록 조심하고 있는 그대로의 감정들을 허용하며 살라고요.

완벽하게 행복하지 않은 사람들이 삶의 여러 영역에서 잘 지내고 있다는 게 퍽 다행이고 위로가 되지 않습니까? 조금 부족해도 너그럽게 받아들이는 내 자신의 태도! 83% 정도 행복한 사람이 오히려 웰빙을 누린다는 사실을 기억해보시지요.

제 경우 맘에 들어 골라 놓은 사진에 약간의 슬픔이 있어 보여 얼추 83%에 가까워 보이는군요. 실제로도 걱정거리를 17% 이상 지니고 있지요. 하지만 행복은 내 마음 안에 있으니 힘든 상황도 기꺼이 받아들이며 오늘도 즐겁게 지내야지요. 행복한 주말 보내세요.

행복 운동

행복은 물결이 퍼져나가듯 파급력을 가지고 있답니다. 1983년부터 2003년까지 20년에 걸쳐 수집한 자료를 바탕으로 4,739명의 관계를 조사한 연구에 따르면 행복한 사람들은 서로 연결되어 있는 경향이 있는 것으로 나타났다고 합니다.

연결망 분석 결과로 흥미로운 것은 행복한 사람일수록 함께 무리지어 있다는 사실입니다. 연결망의 중심에 있는 사람들이 더욱 행복했고, 연결망의 언저리에 위치한 사람일수록 불행한 것으로 나타난 것입니다. 연구진은 분석결과를 통해 행복은 개인의 기능이 아니라 집단의 특성이라고 주장했습니다.

우리나라가 OECD 국가에서 행복지수가 최하위인 이유를 다른 각도에서 볼 필요가 있습니다. 행복은 개인의 특성이기도 하지만 위 연구 결과로는 집단 특성이라면 우리 사회가 더욱 행복한 사회로 나아가려면 '행복 운동' 을 적극적으로 펼 필요가 있습니다. 왜냐하면 연결망 분석 결과 시간의 흐름에 따른 행복의 변화가 잔물결을 이루며 퍼져나가 행복한 사람들의 무리와 불행한 사람들의 무리가 만들어진다는 것이기 때문입니다. 예를 들어, 이웃이 행복해지면 다른 이웃이 행복해질 가능성이 평균 34퍼센트이고, 1.6킬로미터 내에 사는 형제자매가 행복해지면 그들의 형제자매가 행복해질 가능성은 평균 14퍼센트에 이른답니다.

'존중은 평상복 차림의 사랑이다'
— 프랭키 바이런(Frankie Byrne)

신념은 자신을 지키는 것이고, 존중은 나와 다른 것을 대하는 태도이다.

개인적 측면으로는 신념을 지키는 것이 중요하지만,
서로 다른 생각과 경험, 가치와 문화, 종교를 가진 사람들로 이루어진
사회적 측면으로는 우리 모두에게 존중이 필수적이다.

존중이 없으면 지배하고, 강요하고, 소유하려 하기에
사랑과 관계에 실패하기 쉽다.

상대의 다름을 통해 자신의 완고함과 편견, 속단을 점검하는 계기로
삼을 때 소통도 가능하고 쌍생(雙生)의 변화도 가능하다.

행복한 사람 곁에 있는 친구들은 그 친구와 더불어 행복해지는 경향이 있었고, 행복한 사람의 친구의 친구도 마찬가지입니다. 반대로 행복한 사람과 멀리 떨어져 있으면 있을수록 행복의 파급력은 줄어들게 마련이지요.

새로운 한 주가 시작되었습니다. 나의 행복이 가까운 이웃의 행복에도 잔물결처럼 퍼져나가는 연결망의 중심에 우뚝 서시면 어떨까요? 이번 한 주 행복의 전도사가 되어 밝은 표정, 환한 웃음, 무한 친절부터 시작하시길 희망합니다. 오늘 전국 각지에서 행복 운동하는 분들이 여기저기 눈에 띄었으면 좋겠습니다.

아침의 행복 편지 105

비교하기

출처는 분명하지 않지만 지인에게서 받았던 글 중에 인상에 남았던 이야기 하나 소개하고 싶습니다.

아메리카 어느 인디언 부족의 성년식에서는 성년이 된 소년소녀에게 빈 바구니를 들고 옥수수 밭을 걷게 하는 풍습이 있답니다. 성년이 되는 소년소녀들에게 주어지는 과제는 긴 밭고랑을 걸으며 본인이 가장 크고 탐스럽다고 생각되는 옥수수를 딱 하나만 골라 바구니에 담아오는 것입니다. 중요한 것은 이 과제를 수행하면서 지켜야 할 2가지 원칙입니다.

첫 번째 원칙은 이미 지나온 길로는 되돌아 갈 수 없고, 두 번째 원칙은 이미 따서 바구니에 담은 옥수수는 새로 딴 것과 바꿀 수 없다는 것입니다.

밭고랑을 걸으며 정말 마음에 드는 옥수수 딱 하나만을 골라야하는데 과연 대부분의 소년소녀들은 어떤 옥수수를 골랐을까요? 만약 제게 이 과제가 주어졌더라도 비슷한 결과였지 않았을까 생각했습니다. 대부분의 소년소녀들의 바구니는 비어 있거나 맨 마지막에 급하게 딴 초라한 옥수수 하나가 담겨 있기 일쑤였다는 것입니다. 좋은 것을 다른 것과 끊임없이 견주다가 결국 놓치고 만 것이지요. 앞으로 성년들이 살면서 중요한 선택을 해야 할 때 반드시 명심해야 할 깨달음을 주는 부분입니다.

누구나 한 번쯤 경험해봄직한 일! 쇼핑가서 물건을 이것저것 비교하며 망설이다 막판에 지쳐서 맘에 들지 않는 것을 사고 후회하는 일. 결혼 전 많은 선과 소개팅 그리고 연애를 통해 만난 배우자감을 비교하다가 아직 결혼 못한 싱글, 나이에 쫓겨 결국 별로 맘에 안 드는(?) 배우자를 선택하는 일….

일상에서 사람 만나는 것도, 자신에 맡겨진 일들도 끊임없이 다른 사람의 일들과 비교하느라 좋은 인연과 성취와 보람을 놓치고 있지 않은지 살펴봄이 어떨지요? 행복은 '지금-여기'에 있습니다. 지난 선택을 후회하고 자책한들 그 선택을 돌이킬 수 없습니다. 지금 있는 자리에서 최선을 다하는 일, 지금 만나는 사람이나 일에서 이만하다 싶으면 기회라 생각하고 과감하게 선택하는 용기가 필요하지 않을까요?

아침의 행복 편지 106 용기

용기(勇氣, courage) : 씩씩하고 굳센 기운. 또는 사물을 겁내지 아니하는 기개.

'용기' 라는 단어를 들으며 어떤 생각이 처음 떠오르나요? 혹시 담대하고 씩씩한 영웅 같은 용맹이 먼저 떠오르지 않습니까? 원래 Courage(용기)는 라틴어의 '마음' 을 의미하는 cor라는 어원에서 왔는데 요즈음의 의미는 좀 동떨어진 느낌입니다.

몇 년 전 한 네티즌이 올린 사진 한 장이 우리 사회에 잔잔한 감동을 준 적이 있습니다. 한 젊은 여성이 길거리에 추위로 움추려 있는 노숙자에게 자신의 목도리를 건네주는 한 장의 사진이었습니다. 무심했던 우리 마음을 돌아보도록 자극하고, 그 마음을 용기 있게 표현하는 마음씨가 아름답게 느껴졌던 장면이었습니다.

누구나 한 번쯤 수업 시간이나 회의석상에서 은인을 만났던 기억이 있으시지요? 나만 못 알아들은 것 같은 상황에서 손을 들고 일어나 '무슨 말씀인지 모르겠습니다.' 라고 질문해 준 경우. 껄끄러워 얘기하기 어려운 부분을 대변해주듯 용기 있게 나서서 표현하는 경우, '나만 모른 게 아니었구나.' '시원하다.' 라는 안도감과 함께 누군가를 대신해 선뜻 얘기해준 고마움을 느껴보셨지요?

그렇습니다. 용기는 원래 '진심으로 느끼는 마음을 표현하고 이야기' 하는 것입니다. 투사 같은 용맹만이 용기가 아니라 누구나 공감할 수 있는 행동이나 표현으로 보여주는 평범한 용기! 우리 일상을 좀 더 긍정적으로 변화시켜주는 비타민이 아닐까요?

용기는 물결처럼 파급효과가 있답니다. 일상에서의 평범한 용기가 주위 사람들을 조금 더 훌륭하게 만들고, 더 나아가 우리 사회를 좀 더 친절하고 용기 있는 곳으로 만들어 줍니다.

오늘 여러분께서 진실한 마음을 나눔으로써 용기라는 물결의 중심에 서심이 어떨는지요? 행복한 일정 만들어가시지요.

아침의 행복 편지 107 돈과 시간의 쓰임새

'돈'과 '시간'의 관계! 돈은 많이 있는데 시간이 없는 사람도 있고, 시간은 많은데 돈이 없는 사람도 있습니다. 제3자가 볼 때 참 둘 다 안타깝고 아쉬움이 남지요. 사실 우리 사회에서는 돈도 없고 시간도 없는 사람이 더 많지 않을까 생각합니다.

사람들은 돈에 있어서만큼 '다다익선(多多益善): 무조건 돈이 많을수록 좋다.'라고 믿습니다. 그래서 더 많은 돈을 갖기 위해 끝없이 노력하지요. 결코 돈이 많지 않은 사람으로서 돈을 추구하는 사람들을 비난하거나 폄하할 의도는 전혀 없습니다. 다만 '돈' 때문에 너무 많은 것을 잃어가는 것 같아 안타까움을 여러분과 나누고 싶을 뿐입니다. '돈'이 뭐길래?

그 중 하나가 구두쇠지요. 인색함으로 인해 돈이 사람보다 우선되는 모양새! 우리 주변에서 많이 보고 느낄 수 있습니다. 돈 때문에 사람을 잃는 경우이지요. 돈은 일시적으로 행복한 기분을 만들어 줄 수 있으나 그것을 지키고 키우려는 욕망 때문에 결국 불안해하고 초조해하며 다른 사람들을 살필 여유를 잃게 됩니다.

정서적 안정을 돈으로 살 수 있을까요? 성격 안 맞는 배우자나 속 썩이는 아이들 문제를 돈으로 해결할 수 있을까요? 돈도 시간도 '관계'에 더 많은 투자를 할 때 행복이 늘 수 있습니다. 돈만 하더라도 가계소득이 일정부분 넘으면(4인 가족 기준 월 400만원 정도) 소득이 더 늘어도 행복지수에 크게 차이가 없습니다.

행복의 원천인 소중한 사람들과의 관계를 잃지 않도록 '돈'과 '시간'의 분배에 좀 더 신경을 쓸 필요가 있지 않을까요? 그것은 행복을 만드는 수단이지 목적은 결코 아니지요. 목적과 수단을 혼돈하는 우(愚)를 범하지 않도록 깨어 있어야겠습니다.

행복이란 체온과 비슷한 성질을 갖고 있답니다. 가끔 올라가기도 하고 내려갈 때도 있지만 결국 정상적인 상태로 돌아옵니다. 안정적인 인간관계는 인류 역사상 최고의 불행 치료제이자 행복의 원천입니다. '돈'과 '시간'을 가장 가까운 사람에게 투자하는 지혜를 지니심이 어떨는지요.

오늘 그 지혜를 발휘하셔서 가까운 사람들에게 깜짝 놀랄 행복을 만드시면 어떨까요? 행복 만드는 하루 되시길 빕니다.

아침의 행복 편지 108

지방대학

2014년 노벨 물리학상 수상자로 일본 출신 나카무라 슈지 교수(샌타바버라 캘리포니아주립대)가 결정되어 큰 기사로 보도된 바 있습니다. 저는 그의 이력을 보면서 우리 지방대학에 다니는 대학생들에게 희망을 주는 사례 같아서 무척 반가웠습니다. 다 그런 것은 아니지만, 초·중·고등학교에서 공부를 소홀히 해 자신감을 잃고 지방대학에 다니면서 꿈 없이 지내는 학생들을 만나곤 합니다. 더 일찍부터 성실하게 공부하는 자세를 익혔더라면 좋았겠지만 지난날을 후회만 하며 '지방대학 나와서….' 라고 자조 섞인 미래를 예측하는 학생들에게 새 희망을 꿈꾸게 하는 좋은 사례 같아서 우리 학생들과도 꼭 나누고 싶습니다. 기사에서 눈에 띄었던 대목입니다. 발췌한 기사 중 일부의 행간에서 긍정과 희망을 발견할 수 있지 않을까요?

- 일본에서 가장 낙후된 지방대학 출신
- 중소기업에 근무했던 평범한 직장인
- 어려워서 사람들이 손을 대지 않는 것을 시작해보겠다고 결심
- 사람은 공부든 일이든 자기가 좋아하는 것을 찾아야 한다. 그래야 고생도 참을 수 있고 꿈을 향해 최선을 다할 수 있다.
- 남들과 다른 것을 하라.
- '나는 내 방식대로' – My way
- 나보다 우수한 학생들이 많으니, 할 마음만 있다면 얼마든지 성공할 수 있다.
- 열린 마음으로 사람을 키웠던 중소기업 사장님의 믿음과 혜안 –

지도자의 덕목

4년 동안 회의에도 참석하지 않고, 전화도 받지 않았다는 그 일념 역시 돋보이는 대목이지요. 누구나 똑같은 삶을 살 수는 없겠지요. 하지만 그 수고와 노력 덕분으로 결실을 얻은 사례에서 배워야 할 마음가짐과 태도는 'My way'에 좋은 교훈이 아닐까 싶습니다.

19세기 말인 메이지시대부터 꾸준히 투자해서 조금씩 성과를 내기 시작한 일본과 달리 별로 준비와 투자도 없이 매년 이맘때쯤 우리나라에서 노벨상 수상자로 문인이나 과학자가 나오지 않나 하는 우연(?)을 기대하는 것도 비교가 됩니다. 국력이 커져서 조만간 우리에게도 좋은 기회가 오겠지만 착실한 준비가 필요하지 않나 싶습니다.

행복 마음껏 누리는 하루 만드시길 빕니다.

행복의 AIM

'행복의 AIM' 이라는 말 혹시 들어 보셨습니까?

AIM은 행복에 필요한 긍정적 태도의 기본요소입니다. AIM이란 주의(Attention), 해석(Interpretation), 기억(Memory)을 의미합니다. 많은 사람들은 행복하려면 자신에게 만족스러운 환경(조건)이 필요하다고 생각합니다. 하지만 행복은 환경(조건)보다도 내 스스로 그 환경을 어떻게 바라보고 반응하느냐가 훨씬 중요해 보입니다.

행복이란 새로운 눈으로 세상을 바라보는 기쁨이자 의식을 넓혀가는 즐거움입니다. 사실 이 세상 곳곳에는 우리가 평소 놓치는 행복들이 숨겨져 있기 때문에 이제부터 새로운 눈으로 바라보면 얼마든지 찾을 수 있고 알아차릴 수 있습니다. 그래서 행복을 말할 때 '행복은 발견하고, 만들고, 누리는 일' 이라 하기도 하지요. 새눈으로 발견하고 만들고 향유하는 것!

새로운 눈이란 우선 마음속으로 내 스스로 행복해지겠다고 다짐하는 일입니다. 지금부터 당장 그렇게 되기로 결심하는 것입니다. 왜냐하면 사람은 행복해지겠다고 마음먹으면 그만큼 행복해지기 때문이지요. 그리고 천천히 하나씩 AIM 공식을 대입해서 일상을 바라보는 습관을 만들어가 보십시오.

Attention(주의집중) : 행복하려면 우선 마음먹고 주의집중해서 내게 있는 성공과 축복, 감사, 좋은 점, 장점과 강점 등을 의도적으로 발견하고 알아차리는 것입니다.

Interpretation(해석) : 일상에서 만나는 크고 작은 일들에 대해 긍정적으로 생각하는 습관입니다. 행여나 어려움이 생겨도 그것을 성장의 기회로 삼고, 실패를 하게 되면 학습의 기회로 생각하는 것입니다

Memory(기억) : 기쁘고 좋았던 때와 가치 있는 것을 머릿속에 간직하고 회상하는 것입니다.

이렇게 '행복의 AIM'을 연습을 통해 습관화한다면 우리는 더 많이 행복해질 수 있습니다. 경제학자 리처드 레이어드(Richard Layard)는 행복에 있어 가장 중요한 다섯 가지 요소를 **가족관계, 재정상황, 직업, 공동체와 친구** 그리고 **건강**이라고 보았습니다. '행복의 AIM' 공식에 나의 다섯 가지 요소들을 하나하나 대입해보시면 어떨까요?

이중 어느 한 요소라도 어려움을 겪고 있다면 전체 행복도가 낮아지겠지요. 하지만 이 다섯 가지 요소 중 어느 하나만이라도 '행복의 AIM'으로 향상시킬 수 있다면 더 나은 하루, 한 달, 10년 ~ 20년을 지내게 될 수 있을 것입니다. 깊어가는 가을, 행복함도 더욱더 증진되는 나날 되었으면 좋겠습니다.

덫

언젠가 47세에 원치 않은 병(췌장암)으로 시한부 인생을 살다 간 랜디 포시 교수(미국의 카네기 멜론대학 컴퓨터과학부)의 마지막 강의가 잔잔한 감동을 주었다는 신문기사를 본 적이 있습니다. 그는 그토록 사랑하는 자신의 아이들에게 남기고 싶은 메시지를 대학생들에게 해준 강의였지요.

어떤 연유에서인지 몰라도 그가 남긴 이야기 중 제 뇌리에 오랫동안 남은 것 중 하나입니다.

"자동차란 그저 한 장소에서 다른 장소로 옮겨 주는 이동수단에 불과하다. 자동차는 실용적인 도구이지 사회적 지위를 나타내는 수단이 아니다."

미국사람이든 한국사람이든 우리가 사용하는 물건들이 자체의 용도 이상의 의미를 가지는가 봅니다. 값비싼 자동차나 넓은 아파트 평수, 명품 시계와 가방 등이 사회적 신분이나 지위를 은근히 나타내주는 역할을 하기 때문이지요. 우리나라 명품시장의 연간 매출액과 신장률은 제조사들도 놀란다지요.

제 자신에게 주문합니다. '그 덫에 걸려 나도 모르게 그 유혹들에 빠지지 말자. 그리고 다른 사람들을 볼 때 결코 그런 시각에서 판단하지 말자. 목적과 수단을 혼돈하지 말자. 화려함보다 순수함과 수수함의

미학을 마음에 담자.'

행복을 일구는 하루 되세요.

루미의 시 '여인숙'

새 아침이 밝았습니다. 오늘도 크고 작은 일들을 겪으며 나만의 '감정 전쟁(?)'을 치르게 되겠지요. 나를 찾아오게 될 숱한 감정들과 얼마나 친해지는 마음을 가질 수 있을까요? 하루를 여는 마당에 나 스스로 다짐을 해봅니다. 어느 상황에서든 내 자신과 타인에게 친절과 연민의 마음으로 대할 것임을.

감정과 친해지는 마음을 아름답게 표현한 페르시아의 시인 루미의 유명한 시 '여인숙 guest house' 입니다.

> 인간이란 마치 여인숙과 같아
> 매일 아침 새 손님을 맞는다.
> 기쁨, 우울, 비열함
> 그리고 순간적인 깨달음이
> 뜻밖의 손님처럼 찾아온다.
> 그들 모두를 환영하고 환대하라.
> 설사 그들이 슬픔의 떼거리여서
> 그대의 집을 가구 하나 안 남기고
> 몽땅 쓸어버린다 해도
> 설령 그렇다 해도 한분 한분 정중히 모셔라.
> 그들은 어떤 새로운 기쁨을 주기 위해
> 그대를 청소하는 것인지도 모르니까
> 어두운 생각, 수치심, 적개심,

이 분들을 문 앞에서 웃으며 맞고
집 안으로 극진히 모셔라.
오는 손님은 누구에게든 감사하라.
그들 하나하나는 저 멀리서
그대의 길잡이로 파견된 분들이니까.

아침의 행복 편지 112 단아하고 품위 있는

단아(端雅)하다 : 단정하고 아담하다. graceful, elegant

품위(品位) : 1. 직품(職品)과 직위를 아울러 이르는 말.
2. 사람이 갖추어야 할 위엄이나 기품.
3. 사물이 지닌 고상하고 격이 높은 인상.

제가 꿈꿔보는 하루의 모습들이 여럿 있습니다. 나이 들어가며 살고 싶은 모습이기도 하지요. 아무래도 많은 사람들과 함께 지내다보면 그리 쉽지는 않겠지만요. 하지만 그럼에도 불구하고 노력해야겠지요. 그래서 서로서로 더 행복하고 온전한 삶을 살 수 있도록 도와줄 수 있는 사람끼리 어울려 지내는 공동체를 만들어 사는 것도 좋은 방법이겠지요. 오늘 그 하나를 말한다면,

'단아하고 품위 있는 하루' 입니다.

최소한의 소비, 필요 이상의 언행 삼가, 만나는 이의 삶에 따뜻한 보살핌, 그윽한 미소와 친절, 내면의 소리에 경청하는 '홀로로움', 경박하지 않은 말씨, 시간에 쫓기지 않는 여유로움과 느림, 침묵과 기다림, 충고나 판단하지 않기….

아침에 깨어 떠오르는 목록을 그저 적어 보았습니다. 미완성된 하루이겠지만 그리 살도록 노력하면 조금씩 조금씩 더 단아하고 품위 있는 하루하루를 만들어 가겠지요. 여러분 나름대로 '단아하고 품위 있는

하루' 그려보시고 오늘을 시작하면 어떨까요? 오늘 우리 만남 속에서 그 모습을 발견하고 싶습니다.

아침의 행복 편지 113 'Home' 또는 'House'

사람마다 가장 많은 시간을 보내는(적어도 수면 시간을 포함해) 곳은 아마도 일터 다음으로 집이겠지요. House 또는 Home 이지요. 하우스와 홈의 차이점이 뭘까 생각해봅니다. 그 차이는 아마도 그 집에 얼마나 많은 멋과 풍미가 있느냐에 있지 않을까요? 요즈음 우리 가정들에는 하우스는 있지만 맛과 멋이 없는 홈들이 많아지는 것 같습니다. 이혼율 증가만 보더라도 알 수 있겠지요.

'Sweet home' 이 되려면 우선 팀이 되어야 하지 않을까요? 집은 그저 식구끼리 마주 대하는 공간적인 개념 이상으로 모두가 한 팀이라는 느낌을 확신할 수 있고, 서로의 연약함을 드러낼 수 있는 곳, 감정의 빗장을 풀어 놓을 수 있는 곳이어야 합니다. 'Sweet home' 이란 이런 집 아닐까요?

- 집안에서 식구들 한 사람 한 사람이 자신의 존재가 용납된다고 여겨지는 곳.
- 자기 존재가 안전하다고 여겨지는 곳.
- 자기 성장에 필요한 것을 지원받는 곳이라고 여겨지는 곳.
- 가족들 한 사람 한 사람의 존재가 자율성과 독립성을 존중받는 곳, 필요에 따라 언제든지 기대고 묻고 함께할 수 있는 곳.

한 가정의 멋과 맛은 누가 낼까요? 어느 집이든 남편 아니면 아내 중 한 사람이 큰 영향력을 행사합니다. 그 분을 마스터라고 합니다. 그 가정의 지휘자인 셈이지요. 쉽게 말하면 가족들이 누구의 눈치를 가장 많이 보나요? 바로 그 마스터의 태도와 행동, 성격에 따라 'House'가 될지 'Sweet home'이 될지 크게 좌우됩니다. 무엇보다 마스터는 팀을 고려하는 마음가짐이 필요하지요.

우리 집(우리가 속한 어떤 조직이든)의 마스터는 누구입니까? 우리 팀원들은 과연 'Sweet home'에서 느끼는 확신을 가지고 하루하루를 사는지 점검해 봄이 어떨까요? 요즈음 일교차가 커서 그런지 몸이 으스스하지요. 이럴 때일수록 따끈한 아랫목이 그리운 것처럼 사람들은 누구나 힘들고 외롭고 지칠 때 포근하게 안길 'Sweet home'을 그리워합니다.

오늘 'Sweet home'을 만들기 위한 비법 하나 챙겨서 귀가하심이 어떨지요? 행복한 하루 일정 중 꼭 'Sweet home' 레시피 챙기시기 바랍니다.

아침의 행복 편지 114 삶의 4가지 주제

우리는 저마다 처한 상황과 겪고 있는 시련과 고통이 다르고, 그런 어려움에 대응하는 개인들의 방식도 다릅니다. 다만 행복한 삶에 관한 한 각자 쾌락, 욕망, 이성, 고통이라는 삶의 4가지 주제들을 어떻게 이해하며 살아가느냐의 문제인 것 같습니다. 당신은 4가지 주제에 대해 어떻게 이해하고 계십니까? 곁에 두고 하나하나 고민하심이 어떨는지요?

행복은 개인적으로 수양해야 할 체험이지, 객관적인 문답 풀이처럼 보이지 않습니다. 분명한 것은 행복한 순간의 느낌표를 놓치지 않고 알아차리는 것은 개인에게 전적으로 속하는 일이라는 것입니다. 행복은 다른 어떤 곳에서 발견할 수 있는 것이 아니라 살면서 만들어가는 것이며, 행복을 느낄 수 있는 일에 정진하는 일입니다.

일상에 대해 만족스럽지 못하다고 느끼신다면 바로 행복을 위해 무언가 노력해야 한다는 첫 번째 신호입니다. 그 신호에 응답하여 나 스스로 지금 좋은 삶을 이끌어 가고 있는지 스스로 질문을 던지며 매 순간 행복의 느낌표를 만들어 가는 사람, 바로 그 사람이 행복한 사람이 아닐까요? 오늘도 행복 느낌표가 풍성한 그런 날이 되시길 빕니다.

벚꽃처럼

지난 주말에는 여수 순천 광양 송광사를 지인 가족들과 함께 봄을 만끽하며 기쁘게 여행 하고 돌아왔습니다. 가는 곳마다 엄청난 상춘객들의 외출을 목격한 것도 충격이었고, 좁은 국토에 이렇게 꽃소식 차이가 크게 나는가에 놀랐습니다. 북쪽에는 벚꽃이 피기 전이지만 남쪽은 이미 만개하여 지고 있었기 때문입니다.

양쪽 가로에 활짝 핀 벚꽃을 보며 저는 가정과 사회를 떠올려 보았습니다. 사람과 사람 사이에서 꽃을 피운다는 것이 무엇일까? 가정과 사회에 밝고 명랑함을 선사하는 꽃이 되려면 어떠해야 할까?

가정에서 사랑과 화목을 누리지 못하는 사람이 사회에서 원만한 대인관계를 형성하기란 결코 쉽지 않을 것 같습니다. 가족들 사이에 온정과 평화를 느낄 때 다른 사람들에게 더 잘 너그러워 질 수 있을 것 같습니다.

그 너그러움은 비단 자신의 가정만 화목하고 자기 친족만 아는 가족이기주의에 빠지지 않고 열려 있어야 할 것 같습니다. 두터운 가족애를 갖되 마침내 이웃이 내 친형제요 자매로 볼 수 있어야 할 것 같습니다.

산과 바다 곳곳에 알록달록 등산복으로 넘쳐나듯 우리 마음도 봄을 맞아 큰마음으로 함께 꽃을 피우면 좋겠습니다. 4월 첫날 풍성한 꽃소식이 우리 마음에도….

침묵의 고요함

침묵, 묵상, 명상이라는 단어가 생소하시나요? 왠지 우리는 요즈음 소음이 너무 많은 세상에 살고 있는 듯 싶어서 잠시 떠올려 본 단어들입니다. 등산을 가도, 자전거를 타도 라디오를 크게 틀고 다니는 사람들이 있는가하면, 아파트 주민들에게 과일과 해산물을 팔기 위해 녹음된 목소리를 반복적으로 확성기를 통해 내보냅니다. 대다수의 젊은이들도 아이팟이나 휴대폰으로 늘 이어폰을 꽂고 음악을 듣기 일쑤입니다. 그런가하면 어떤 이는 목욕탕에도 휴대폰을 방수포장해 들고 들어와 문자와 카톡을 주고받습니다.

이러한 행위를 무조건 나쁘다고 탓하는 것이 아닙니다. 우리는 일상에서 외부의 소리를 들을 때도 있지만, 가끔은 내면의 소리에도 귀기울이는 지혜가 필요한 듯 싶어서요. 혹시 소라껍데기를 귀에 대보신 적 있으신가요? 그냥 겉으로는 소리를 들을 수 없습니다. 소라를 귀에 대고 주의집중하면 특유의 자체 소리를 접할 수 있습니다. 향수가 느껴지는 소리?!

내면의 깊은 소리에 귀를 기울이려면 침묵이 필수입니다. 귀에 낀 이어폰도 내려놓고, 검색에 익숙한 휴대폰도 멀리 놓아두고, 읽던 책도 잠시 중지한 채 눈을 감고 마음의 소리에 귀기울여 보십시오.

선지자들은 침묵의 고요함 속에서 지혜를 구할 수 있다고 권합니다. 여러 종교에서도 깊은 신앙을 체험하기 위해서는 공통적으로 침묵, 묵상, 명상을 추천합니다. 가끔은 침묵의 고요함 속에 머무르심이 어떨는지요? 그 속에는 자신을 깊게 들여다 볼 수 있는 소리, 자신을 변화시킬 수 있는 소리가 담겨져 있기 때문입니다.

아침의 행복 편지 117 노화

더 젊게 오래 사는 일! 노화의 문제는 대부분 40대 나이에 들어서면 자연스럽게 일상의 문제로 부각됩니다. 노화현상은 흔히 나이 들어감에 따라 나타나는 생체의 퇴화적 변화를 의미합니다. 노화현상을 가속화하는 것들은 좋지 못한 식습관, 운동의 감소, 생물학적 손상 등이 있습니다.

하지만 조금 시각을 바꾸어 생각해보면, 사람은 태어나면서부터 점점 늙어가는 존재가 아니라 성장(변화)을 멈출 때 늙는 게 아닐까요? 퇴화현상은 자연스러운 것이지만 그 변화를 어떻게 받아들이고 지속적인 성장과 변화를 꾀하느냐는 본인에게 달려 있습니다. 잘 아시는 것처럼 나이 들어가며 신체적, 정신적으로 매우 활동적이고 적극적인 태도, 긍정적인 사고를 지닌다면 노화과정을 분명히 늦출 수 있습니다.

나이 들면서 나타나는 특징 중 하나가 신체나 사고의 유연성의 감소를 들 수 있습니다. 그 중에서 사고의 유연성은 정신건강에 매우 중요한 특징이기 때문에 특별히 개인적 관심을 가지고 스스로 경계하는 것이 지혜롭지 않을까 싶습니다. 40-50대가 되면 완고함이 나타나기 시작합니다. 물론 고집스럽고 남의 이야기에 귀 기울이지 않는 성격의 문제는 나이 문제라기보다는 개인의 문제이기는 합니다. 하지만 고령화하면서 본인의 경험을 근거로 전례를 답습 고집한다든지, 자신의 생각을 지나치게 주위사람들에게 주장하고 강요한다든지, 매사에 호기심과 의욕이 줄어드는 현상은 보편적인 것 같습니다.

호기심과 의욕을 잃지 않으려는 마음가짐, 성장과 변화에 대한 스스로의 다짐, 자신의 자연스런 퇴화 현상과 다른 사람들의 생각과 경험에도 열린 마음으로 받아들일 수 있는 '적극적 수용의 자세'는 노화를 늦추는 핵심이 아닐까 싶습니다. 자신이 틀렸다거나 상황이 바뀌었다는 사실을 인정하며 자신의 의견을 바꾸는 것은 변절이 아니라 용기 있는 행동이며 사고의 유연성입니다. 제 생각입니다만 함께 지내기 가장 어려운 사람이 바로 완고하고 고집불통이고 이기적인 사람이 아닌가 싶습니다.

오늘, 스트레칭으로 몸을 풀듯이 사고의 유연성을 위해서 매사에 호기심을 가지고 성장하고 변화하려는 의지, 열린 마음으로 일상에 다가섬이 어떨는지요?

'매일 조금씩'

며칠 전 제가 참 좋아하는 후배 집을 방문할 기회가 있었습니다. 단독 주택인데 대문을 통해 들어서니 부부는 앞뜰에 봄꽃을 함께 옮겨 심으며 웃고 있었습니다. 겨울동안 시들해진 식물에게는 자양분 가득한 새 흙으로 바꾸어주며 격려해주고, 형형색깔의 꽃으로 자태를 뽐내는 봄꽃들은 예쁘장한 화분에 담아 새 식구로 맞이하는 환영식을 거행하는 듯싶었습니다.

들어서는 저에게 자매님은 꽃 식구들을 하나하나 소개해주었습니다. 하나하나 지칭하며 이름과 특징, 독특한 모습들을 소개해주셨습니다. 바쁜 일상에서도 부부가 화분을 가꾸는 여유(?)가 다정해보여서 부러웠고, 작은 화분에 정성을 담아 손길을 주는 모습도 사랑스러워 보였습니다.

아버지와 어머니가 꾸려가는 가정과 자녀양육도 비슷한 모습이어야 하지 않을까 문득 생각해 보았습니다. 식구들 한 사람 한 사람에게 마치 화분의 이름을 하나하나 관심 있게 불러주고, 각자의 자랑스런 모습도 자주 상기시켜주고, 따뜻한 미소와 손길로 보듬어 안아주는 것이 목격되는 가정 말입니다. 스위트 홈(sweet home)이겠지요. 행복한 가정을 만드는 일 중 가장 중요한 열쇠는 무엇보다도 '매일 조금씩'이 아닐까요? 한꺼번에 물을 주면 탈이 나는 것처럼 말입니다.

화분에 물을 주듯 부모는 물론 식구들 모두가 매일의 삶에 자신의 시간과 에너지를 '매일 조금씩' 서로에게 관심과 손길을 주어야 합니다. 매일 조금씩. 학교 가는 아이의 신발 끈을 묶어주고, 일터로 가는 식구들 따뜻한 미소로 입구까지 배웅하고, 아이의 지친 하루 일과를 들어주고, 식구들과 맛난 요리도 함께 해서 먹고, 주말에는 고장 난 물건들을 고치는 일 등. 이러한 '매일 조금씩'의 행위가 식구들의 성장과 행복을 가져다주지 않을까요?

바쁜 일상을 사는 요즈음 우리는 '매일 조금씩'을 너무 쉽게 간과하는 것이 아닐까요? 식구들 간의 신뢰 관계는 매일 조금씩 쌓이는 것이지, 갑자기 몇 번의 선물, 생일, 크리스마스 등 이벤트로 생기는 것은 아닙니다. 시간은 너무도 빨리 지나갑니다.

활짝 폈던 개나리와 벚꽃이 아쉽게도 다 지고 있습니다. 나중에 하면 되겠지 하며 '매일 조금씩'을 뒤로 미루셨다면 마치 후배 부부가 양팔 걷어붙이고 화분에 온전히 시간과 에너지를 쏟듯 이 봄이 가기 전에 가정에 화분갈이 하심이 어떨는지요? 오늘도 행복한 봄날 마음껏 누리는 하루 되시길 빕니다.

아침의 행복 편지 119

호스피스가 전하는 4가지 말

죽음은 누구에게나 엄습해온다고 합니다. 전혀 예상치 않았을 경우 그 충격은 본인은 물론 가까운 사람들에게도 그만큼 크게 마련이겠지요. 만약 내게 죽음이 다가왔을 때 살아온 날들을 정리하면서 과연 무슨 생각을 할까 생각해 봅니다. 앞서 죽음을 맞이했던 사람들의 고백, 의사나 호스피스 활동자의 체험, 사별한 사람들의 경험, 임사체험자의 이야기들은 우리에게 귀한 시사점을 줄 수 있지 않을까요?

우선 이들이 수많은 죽음을 목격하며 '한 사람의 성공적인 삶'에 대해 밝히는 공통적 견해는 의외의 사실입니다. 그것은 결코 사회적 조건이나 지위, 부유함의 정도가 아니었고, 바로 '사람들과의 관계'에 있었다는 점입니다. 삶에 가장 귀중한 재산이 바로 '사람과 관계'라는 점이지요. 죽음을 앞두고 '젊었을 때 좀 더 성공과 출세를 했었더라면…' '좀 더 좋은 옷 입고 잘 먹었을 것을…' 이라는 생각보다는 '~에게 더 따뜻하게 해줄 것을…' '~에게 정말 미안하다는 말을, 용서한다는 말을 전할 것을…' '~에게 사랑한다는 말을 더 자주할 것을…' 하는 후회가 주를 이룬답니다.

틀어지고 멀어진 관계 때문에 꼭 해야 할 말을 생전에 전하지 못해 뼈저리게 후회하는 이들이 헤아릴 수 없이 많았다는 것입니다. 비록 지난 일을 돌이킬 수는 없지만 이런 뉘우침 속에 담긴 뜻은 순간순간 가까운 사람들끼리 '때를 놓치기 전에 반드시 따뜻한 말, 위로가 되는 말, 용서하는 말을 해야 한다'는 것이겠죠.

호스피스 전문의로 30년 넘게 고통 속에서 죽음을 맞이한 환자들을 돌본 아이라 바이오크는 이들이 공통적으로 남기는 4가지 말에서 인생에서 가장 소중한 사실을 알게 되었다고 합니다. 그것은 바로 '용서해요', '고마워요', '사랑해요' 그리고 '잘 가요' 였습니다.

오늘 소중한 사람들과 허물없이 지낼 수 있는 계기를 마련하기 위해 세상에서 가장 단순하지만 실천하기 힘든 네 가지 말을 용기 있게 전하심이 어떨는지요? 만약 직접 대면해서 하는 말이 쑥스러우면 평소 못 다한 말과 마음을 담아서 전화나 문자라도 보내보심이 어떨는지요?

아침의 행복 편지 120

5 : 1의 법칙

갈등(葛藤) : 칡과 등나무라는 뜻으로, 칡과 등나무가 서로 복잡하게 얽히는 것과 같이 개인이나 집단 사이에 의지나 처지, 이해관계 따위가 달라 서로 적대시하거나 충돌을 일으킴을 이르는 말. 서로 이해관계가 달라 대립하거나 충돌을 일으키다.

가까운 사이에서 일어나는 갈등은 일종의 예방주사로 피할 대상이 아니라 극복의 대상입니다. 갈등이 없다는 것은 두 사람 모두 변화를 피하고 있으며, 갈등으로 인한 대립을 통해 얻는 깨달음보다 갈등 자체를 회피하고 있다는 의미입니다. 가랑비에 옷 젖는 줄 모르듯 소소한 갈등들을 겪으며 관계의 면역력을 키워야 합니다.

단, 갈등으로 인해 상대에게 분노, 짜증, 비판, 적개심을 한번 표현할 때마다 반드시 다섯 번의 친절을 베풀거나 상대방의 감정에 공감하거나 관심과 애정, 지지와 격려, 칭찬을 표현해야 한다는 점입니다. 행복하려면 부정적인 요소보다 긍정적인 요소가 5배 이상 있어야 한다는 것이 부부 상담의 대가 존 가트맨 박사의 충고입니다. 상대에게 주는 긍정적인 요소는 따뜻한 문자 메시지, 열정적인 키스, 상대가 좋아하는 작은 선물, 사려 깊은 친절, '사랑해' 라는 메모 등등 상대를 즐겁게 만들어 줄 수 있는 순간을 의미합니다.

5대 1의 법칙! 한번 짜증내면 5번의 친절, 칭찬을 베풀어야 좋은 관계를 유지할 수 있음을 명심하십시오. 부부관계에서, 부모 · 자녀 관계에서, 가까운 사람들 관계 모두에서….

"마음에 드는 칭찬을 들으면 그것으로 두 달을 버틸 수 있다."
- 마크 트웨인

60대 분들의 이야기

저는 매주 서울을 오고가며 대부분 기차를 이용합니다. 승용차를 이용하는 것보다 시간도 절약하고 예기치 않은 교통체증으로 피로도 피할 수 있어서 아주 편하고 좋습니다. 더구나 객차 안에서 일어나는 주위 사람들의 일상을 보며 많은 것을 보고 느끼는 깨달음의 기회가 되기도 합니다.

지난 주말 상경 길에 만난 제 옆의 승객은 60대 초반의 아저씨였습니다. 승차 후 제가 구입한 좌석이 창가 쪽이라 불가피하게 복도 쪽에 앉아 있던 그 승객의 무릎을 넘어 착석해야 했습니다. 모자를 깊게 눌러쓴 모습도 그렇고, 눈도 마주하지 않은 채 짜증난 듯이 비켜주는 태도도 마음에 걸린 터였습니다. 모자 밑으로 보이는 얼굴 모습은 세상에 대한 온갖 불만과 짜증이 깃들어 있는 듯한 인상이었습니다. 직업이 무얼까? 은퇴했을까? 인생에서 뭘 경험해서 저렇게 건드리면 폭발할 것 같은 불만의 표정을 지을까? 속으로 궁금했지요.

그런데 한 시간쯤 지났을까, 바로 같은 줄 건너편 좌석에 앉아 있던 60대 중반의 노인분과 일이 터졌습니다. 발단은 건너편에 앉은 분이 MP3를 꺼내 다양한 리듬으로 연주되는 '뽕작' 반주 음악을 켠 것이 문제였습니다. 가사 없이 연주되는 반주는 빠르기도 빠르고 특종 악기의 화음소리가 반복적으로 흘러 나왔습니다. 저도 집중이 잘 안 되어 계속되면 내심 이어폰으로 들으면 좋겠다는 말을 건넬 참이었습니다. 저보다 연세가 있으신 분이라 어떤 말을 어떻게 건넬까 망설이던 중이었습니다. 그런데 제 옆에 앉은 승객이 다짜고짜 큰 소리로 손아래 사람에게 나무라듯 '여기가 뭐 카바레인 줄 아느냐, 노래방인 줄 아느냐, 당장 꺼요!' 라고 큰 소리로 이야기하는 것이었습니다. 주위 사람 모두 흠칫하기도 하고, 당황하기도 하고, 무안한 느낌으로 고요가 흘렀습니다. 그분은 알겠다며 죄인이나 된 것처럼 머쓱해하며 MP3를 껐습니다.

과연 그 사람은 자신의 말투와 내용을 듣고 주위사람들이 어떤 생각과 느낌을 가졌을지 알았을까요? 무슨 사연이 있기에 자신은 정의로운 듯이 건수 잡아 분노를 터뜨리는지 궁금했습니다. 같은 상황에서 조금 친절하게 부탁하듯 이야기할 수 있는 여유와 관대함이 있다면 얼마나 좋을까 생각했습니다. 명절을 보낼 한 주! 조금 더 따듯한 마음으로 이웃과 함께하는 시간이 되었으면 좋겠습니다.

아침의 행복 편지 122 비 오는 산책길

저는 빗속 산길을 걷는 걸 무척 좋아합니다. 어제가 바로 그 날! 오후에 보문산을 찾았습니다. 날씨 좋은 날에는 건강을 지키기 위해 열심히 산을 찾는 사람들로 북적이지만, 비 오는 날은 인적이 뜸해서 너무너무 좋습니다. 한적함, 고요함을 마음껏 누릴 수 있기 때문이죠. 손에 쥔 우산 위로 내리는 빗소리도 좋고, 나무에 걸렸다 한꺼번에 뚜두둑 떨어지는 물벼락 소리를 덤으로 듣는 일도 행복 그 자체입니다.

쫓기듯이 이를 악물고 바쁘게 뛰어다니는 일상을 벗어나 조금 늦더라도 차분하게 마음 가는 대로 사는 게 인생의 지름길인지도 모르겠습니다. 어제는 산책길에 문득 '훗날 사람들이 나를 무엇으로 기억할까?' 라는 의문이 들었습니다. 그들이 나중에 기억할 것은 내 직위도, 부도, 명예도 아닐 것이고, 내가 사는 동안 던진 소소한 말들과 크고 작은 행동들, 그리고 그러한 말과 행동 기저에 깔린 마음가짐들이 아닐까 싶었습니다.

그 마음가짐을 읽을 수 있는 나름의 원칙이 있다면, 바로 늘 되새기고 싶은 질문에 있습니다. 오늘도 내가 하는 말과 행동함에 있어서 '나의 말과 행동이, 주위를 평화롭게 하는가? 다른 사람들에게 미소를 찾아들게 하고 유익함을 주는가? 위로와 치유에 도움이 되는가? 분노와 원망은 남아 있지 않은가? 지난날 나와 주고받은 말들과 행동을 용서하고 있는가?' 등입니다. 서로 위로하고 격려하는 따뜻한 하루 만드시길 빕니다.

아침의 행복 편지 123 사랑법

다른 사람을 부유하게 만들고, 다른 사람들에게 도움이 되고, 다른 사람을 성장시키는 사랑법은 서로가 행복해지는 법입니다. 한번 상상해보시지요.

1. 보잘 것 없는 내게 따뜻한 미소를 지으며 눈을 마주하고 자세히 들어주는 사람이 내 곁에 있을 때
2. 내가 무언가를 할 때 내가 한 것에 대해서 또는 내 존재가 있어서 감사하다는 말을 자주 해줄 때
3. 자주 내 손을 잡아주고, 머리를 쓰다듬어 주고, 어깨를 나란히 하고, 귀 기울여주는 사람이 늘 곁에 있을 때

사랑법은 서로의 가치와 소중함을 확인시켜주는 것으로 그렇게 자주 하다보면 상대방에게 더 잘하게 되어 관계의 질이 급격하게 좋아집니다. 친밀하고 좋은 인간관계는 행복의 원천입니다.

사소한 것 같지만 실천하면 행복해지는 법 : 상대방 말을 귀담아 들어주기, 상대방에게 감사하다는 말 자주 하기, 상대방과 틈틈이 스킨십하기

오늘도 행복감 가득 느끼는 하루 되시길 기원합니다.

아버지와 나눈 대화

매일 제가 아침 출근하는 길은 선친께서 60여 년 전부터 십수년 간 자전거로 출퇴근 하시던 그 길입니다. 대전에서 개발이 가장 늦은 구역이라 지금도 그 당시와 별반 다름없는 풍경인지라 그 곳을 지나다니면서 문득 문득 선친의 모습이 떠오를 때가 있습니다. 30-40대 여럿 남매를 둔 샐러리맨 가장으로 매일 아침저녁 출퇴근 하시며 무슨 꿈을 꾸며 일상을 살아가셨을까 궁금할 때가 있습니다.

일본 어느 여류 문학가가 쉰 살 가까운 나이에 아버지에 대해 회상해 볼 때 가장 기억에 남아 있다는 일화가 생각납니다. 그녀가 열 번째 생일을 맞은 날, 여느 때와는 다르게 생일 케이크가 없었다고 합니다. 밤에 돌아온 그녀의 아버지는 아내에게 "아이 케이크는 어떻게 됐어?"라고 묻자 어머니는 "아직 월급을 못 받았잖아요. 그래서 못 샀어요." 그러자 아버지는 "그건 안 되지."라며 즉시 케이크를 사러 밤거리로 나섰답니다. 하지만 가게는 벌써 문을 다 닫아서 케이크는 살 수 없었고 결국 아버지는 가까운 과일 가게에서 수박을 사가지고 오셨다는 것입니다.

자기를 위해 그 늦은 밤에 케이크를 사러 뛰어 다니시던 아버지의 모습이 선연하게 기억되고 있다는 이야기지요. 선친께서도 우리 형제들에게 주셨던 말씀을 일일이 다 기억할 수는 없어도 분명히 기억하는 것이 있습니다. 못 먹고 덜 입어도 자식들에게 공부에 관련된 월사금, 도서 구입, 학교 준비물 등에는 어떤 일이 있어도 최우선적이셨습니다. 학령기에 있는 여럿 남매들을 위해 헌신하시며 그 어려운 마음을 어떻게 스스로 달래셨을까 생각하면 가슴 뭉클합니다.

역시 평소에 부모로서 자녀들에게 무심코 건네는 말이나 보여주는 행동이 훗날 상상한 것보다 훨씬 강력한 영향을 준다는 사실을 깨닫게 됩니다. 가정의 달을 맞아 부모로서 훗날 자녀들에게 어떤 모습으로 기억되고 싶은지 생각해보는 것도 매우 뜻 깊을 거라 생각합니다.

'자녀를 어떻게 키우고 있는가?' 하는 내용보다 '자녀를 어떻게 키우려 했는가' 하는 부모로서의 태도를 생각해 보심이 어떨지요?

확신과 회의

확신(確信) : 굳게 믿음. 또는 그런 마음.

회의(懷疑) : 1. 의심을 품음. 또는 마음속에 품고 있는 의심.
2. 〈철학〉 충분한 근거가 없기 때문에 판단을 보류하거나 중지하고 있는 상태.
3. 〈철학〉 상식적으로 자명한 일이나 전통적인 권위를 긍정하지 아니하고, 부정적인 태도로 의심하여 보는 일.

일상을 살면서 반드시 조화와 균형을 이루어야 할 태도와 행동이 있어 보입니다. 그 중의 하나가 '확신과 회의' 입니다.

저는 주변에서 자기 확신을 가지고 사는 듯한 사람들도 보고, 우왕좌왕 줏대 없이 살아가는 듯한 사람들도 여럿 봅니다. 한평생 우리는 확신과 회의를 통해 자신만의 길을 찾아가는 것이 아닐까요? 그 과정에서 배움과 성장을 위해 시행착오는 필수적인 요소겠지요. 자신의 길을 찾아가는 과정에서 겪는 시행착오는 한 개인으로 볼 때 빠르면 빠를수록 좋을 것이고, 직장에서라면 신입사원부터 중견사원에 이를 때까지여야겠지요. 만약 나이 들어서까지 확신 없이 방황한다면 개인으로 보나 가족들 입장에서 보나 고통은 말이 아니겠지요. 마찬가지로 조직에서도 책임이 큰 자리에 있는 사람이 우유부단하다면 갈등과 혼란은 필연적이겠지요.

반면에 자신이 가는 길목에서 진지한 회의(懷疑) 없이 자기만의 확신에 차 앞만 보고 갈 때 그 폐해 또한 크지 않을 수 없습니다. 아무리 추구하는 뜻이 좋다 하더라도 지나친 확신이 독선과 아집으로 변질되면 그 주변의 관계나 성과에 심각한 영향을 주게 되고, 시간이 흐르면 흐를수록 그 부작용은 커지게 마련입니다.

청소년들을 상담해보면 부모님들의 일방적이고 강압적인 양육 태도로 마음고생을 하는 친구들이 많습니다. 부모님의 의도와 달리 잘못된 자녀 사랑법에 대한 확신에서 비롯된 것입니다. 이런 부모님들에게서 발견되는 공통적인 특징은 '자녀의 목소리에 귀를 기울이지 않음' '일방적인 지시와 명령' '상대방에 대한 불신' '비민주적 의사 결정' '순종이 최고의 미덕' '상대방의 입장이나 마음에 관심이 별로 없음' 등입니다. 자기확신에 찬 '나 홀로' 모습입니다. 조직의 최고 책임자 역시 그런 모습이라면 함께하는 구성원들의 마음은 메마르고 새까맣게 타들어갈 것입니다.

각자의 자리에서 확신은 필요하되 그 확신으로 인해 가까운 사람들은 행복한지? 주위에 긍정적 영향을 미치는지? 과연 지금 가는 길이 최적의 길인지? 과정에서 소중한 것을 놓치고 있지 않은지? … 가끔 회의를 해봐야 하지 않을까요? 모든 일의 성과 역시 관계라는 기초 위에서 빛을 발합니다. 다 함께 누릴 행복은 '확신과 회의'라는 과정을 통해 만들어 갈 수 있습니다. 오늘도 그 양 편을 넘나들며 행복 가득 이루시길 빕니다.

강의와 수강

어제 그제는 참 행복했습니다. 그제는 10주간 새로운 어머님을 대상으로 '학부모 행복코칭' 프로그램 강좌가 시작되는 날이어서 설레는 마음으로 집을 나섰습니다. 새로운 만남에 대한 기대도 있었지만 주차장에서 70세를 훌쩍 넘긴 옛 수강생 한 분을 만나서 그 기쁨이 더 컸습니다. 몇 년 전 그 분은 민망하게도 똑같은 주제와 내용으로 매주 3시간씩 12주간 이루어지는 제 강좌를 3번 연속으로 수강하신 교육학자이자 교수로 은퇴한 원로이십니다. 그 날 반갑게 인사를 나누고 어떻게 오셨는지 조심스럽게 여쭈었습니다. 어린 손녀 영어를 가르쳐주기 위해 '어린 아동을 위한 학부모 영어교육' 을 수강하러 오신다는 것이었습니다. 저 연세에도 배움에 적극적으로 참석하시는 놀라운 호기심에 존경의 마음이 들었습니다. 참 아름답게 노년을 지내시는 모습이 존경스러웠습니다.

어제는 저희 학교에서 교수들의 학생취업지도 향상을 위해 외부 취업전문가를 모시고 특별강좌가 마련되었습니다. 저 같은 경우 이제 나이가 들어가고 교육경력이 쌓이다보니 다른 분들 강의를 듣는 기회가 흔하지 않게 되었습니다. 이런저런 이유와 바쁘다는 핑계로요. 어제 강의는 우리나라 취업시장 동향과 취업준비에 필요한 핵심적 사항들을 이해하는 데 참 유익하고 신선했습니다. 놓치고 살았던 부분에 대한 깨달음을 발견하며 속으로 '아하' '맞아' '그렇구나' 를 연발하며 수강생의 기쁨을 만끽했습니다.

강의를 하고 듣는 일은 참 행복한 일 중의 하나입니다. 배움과 깨달음, 만남과 나눔 그리고 성장을 경험하기 때문이죠. 그제 노년에도 불구하고 향학열을 불태우시는 분의 모습에서 훗날 제 모습이면 좋겠다는 생각을 할 수 있어 행복했구요. 현장에서 경험한 생생한 지식과 정보를 기꺼이 나누어 많은 깨달음을 주신 초대 손님의 열강에 감사하고, 그런 시간을 누릴 수 있어 행복했습니다.

세 가지 덕목

제가 이번 학기에 강의하는 교양과목은 '행복코칭' 과 '인간관계를 이끄는 힘' 입니다. 인간관계는 한 사람의 행복감에 매우 큰 영향을 미칩니다. 한 사람의 인생 동반자로 가족, 친구, 스승, 직장 동료 선후배를 들 수 있습니다. 일상에서 긴밀하게 영향을 주고받는 관계들이지요. 오늘 퇴근길에는 문득 '전염자(환자)' 와 '치료자' 라는 단어가 떠올랐습니다.

인간관계가 상황과 때, 대상과 장소에 따라 상호 영향을 주고받기는 해도 한쪽에서 상대방에게 더 큰 영향력을 미치는 경우가 많습니다. 가정에서 부모가 자녀에게 미치는 영향이 그렇고, 친구 관계이면서도 한 사람이 선험적인 모습으로 상대방의 롤 모델(Role model)이 되는 경우가 있고, 직장의 리더, 교실에서의 스승이 또한 그런 위치에 있는 것이겠지요. 만약 그런 위치에 있는 사람들이 안 좋은 병을 퍼뜨리는 '전염자(환자)' 라면 얼마 전 메르스(MERS) 파동만큼 가시적이지는 아니겠지만 내적으로 상대와 그 주위사람들에게 미치는 영향이 큰 파장을 불러일으킬 것이라 생각합니다. 각자의 자리에서 우리는 너나 할 것 없이 치료자의 역할을 해야 합니다. 상대방이 더 행복할 수 있도록, 덜 고통스럽도록, 더 안정을 누릴 수 있도록…. 결코 쉬운 일은 아니지만요. 조금씩 조금씩 더.

'치료자' 역할을 하는 사람은 상대를 대함에 있어 사랑(慈)과 연민(悲), 지혜라는 세 가지 덕목이 필요하지 않을까 싶어요. 아이들에게 어려서부터 간직해 주어야 할 마음가짐이기도 하구요. 몸에 밴 어릴 적 습관이 나이 들면 고치기 어렵고, 특히 잘못된 습관일 경우 그 영향력이 크지만 어찌할 수 없는 경우가 많습니다. 세 가지 덕목에 다시 한 번 의미를 되새기는 오늘이 되었으면 좋겠습니다.

사랑 :

1. 어떤 사람이나 존재를 몹시 아끼고 귀중히 여기는 마음. 또는 그런 일.
2. 어떤 사물이나 대상을 아끼고 소중히 여기거나 즐기는 마음. 또는 그런 일.
3. 남을 이해하고 돕는 마음. 또는 그런 일.

연민(憐憫/憐愍) :

[명사] 불쌍하고 가련하게 여김.

[유의어] 동정심, 동정5

지혜(智慧/知慧) :

1. 사물의 이치를 빨리 깨닫고 사물을 정확하게 처리하는 정신적 능력.
2. 〈불교〉 제법(諸法)에 환하여 잃고 얻음과 옳고 그름을 가려내는 마음의 작용으로서, 미혹을 소멸하고….
3. 〈기독교〉 하느님의 속성 가운데 하나. 히브리 사상에서는 지혜의 특성을 근면, 정직, 절제, 순결, 좋은 평….

아침의 행복 편지 128

일과 사생활의 균형

인간으로서 우리는 언제나 두 가지의 조화와 균형을 유지할 필요가 있는 것이 있습니다. '훌륭한 노동자'에게 일과 사생활의 균형이 필요하듯 또 다른 하나가 '사람들과의 교류'와 '고독을 통한 자신과의 만남'입니다. 오늘날 많은 사람들에게 결여되어 있는 것은 바로 자신의 마음속 이야기에 귀를 기울여 보는 '자신과의 만남'이 아닐까 싶습니다.

쉬지 않고 도끼질을 하는 나무꾼보다는 가끔씩 쉬면서 도끼의 날을 벼리는 나무꾼이 더 많은 나무를 할 수 있습니다. 약속과 일정으로 채워지지 않은 나만의 공간을 만들어 몸의 긴장을 풀고 스트레스를 내려놓을 때 인생은 균형을 회복할 수 있습니다.

가장 행복했던 순간들도 떠올려보고, 하고 싶은 일, 할 수 있는 일, 해야만 하는 일을 적어 보고, 우선 순위도 적어보고, 어쩔 수 없이 해야 하는 일이 아니라 '행복한 미래'를 위해 꼭 필요한 일이 무엇인가도 조명해보구요.

모처럼의 휴가야말로 시간 부족과 과도한 중압감에서 벗어나 '사람들과의 교류'와 '고독을 통한 자신과의 만남'의 균형을 찾을 수 있는 기회입니다. 충분한 휴식을 취하는 시간이 되었으면 좋겠습니다.

"자신의 영혼을 더욱 고결하게 가꾸는 시간을 가진 사람이야말로
진정한 여가를 즐길 줄 아는 사람이다."
- 헨리 데이비드 소로

아침의 행복 편지 129 지뢰밭

어제는 출국하는 인사가 있어 인천공항에 배웅을 갔습니다. 보안검색대에 들어가기 직전 공항에서 최후로 작별하는 곳. 서로 아쉬움과 잘 다녀오라는 인사를 나누던 중 앞서 서 있던 50대 후반 한국 여행객의 화를 목격했습니다. 그 한국인 중년 여행객은 아프리카 2인을 동반했는데, 젊은 여직원이 제일 앞에 선 아프리카인의 출국 여권과 탑승권 명의를 확인하며 손에 든 짐을 이것저것 물어보았습니다. 직원이 무슨 내용을 물어보았는지 정확히 들을 수 없었으나 너무 과하다 싶은 중년 신사의 '화' 내는 반말 소리는 들을 수 있었습니다. "비즈니스' 타면 그런 줄 알고 그냥 됐지 뭘 그렇게 꼬치꼬치 물어, 까막눈여! 참 나…." 라며 벌컥 화를 냈습니다. 여직원은 당황했고 주변 직원과 기다리는 사람들은 벙 찡었습니다. 그 순간 여직원이 별별 사람 다 만나 얼마나 속상할까 연민도 생겼습니다. 지체된 시간은 고작 5초 내외! 찌푸린 인상은 뭐라도 내던져야 직성이 풀릴 듯 보였습니다. 왜 그렇게 그 사람은 '화' 가 났을까요? 아마 이런 생각이었을까요?

"비즈니스석을 탄 사람이면 중요한 신분임을 알아서 대우해야지 뭘 그리 꾸물거려."

"아프리카 사람이라고 깔봐?"

"(내가 누군 줄 알고) 내 일행이야. 짜식…."

이와 반대로 이런 생각을 했다면 화가 났을까요?

"여직원이 복무규정을 철저히 잘 지키는군."

"여권과 탑승권만 확인하는 게 아니라 손에 든 물건까지 챙겨주는 친절한 아가씨구먼."

"(아프리카 여행객을 생각하며) 우리나라 이렇게 보안에 신경써요."

똑같은 상황에서 서로 다른 느낌을 끌어내는 것은 여직원의 '행동'이 아니라 그를 본 사람의 '생각(해석)' 입니다. 그 순간 어느 쪽으로 해석되던 그것을 뛰어넘을 수 있었습니다. 즉 부정적인 생각을 마음속에 담아두거나 너무 심각하게 받아들이지 않으면 화를 낼 이유가 없었습니다. 어떻게 느낄 것인가를 결정하는 것은 결국 '생각' 이고 습관입니다.

삶을 살아가면서 크고 작은 일을 대할 때 지나치게 생각하거나 균형감각을 잃지 않도록 깨어 있어야겠습니다. 특히 부정적인 생각이 문득 떠오를 때 잘 관찰하시고 속으로 '지뢰밭' 이라고 힘차게 외치십시오. 그러면 행복이 찾아옵니다.

아침의 행복 편지 130 사는 방식

매일 매일의 일상은 한 개인의 삶의 이야기를 구성하는 최소 단위입니다. 그런데 그 일상은 90% 이상 단순 반복되는 경향을 지니고 있습니다. 그래서 우리는 그 반복으로 지루함과 권태로움을 쉽게 느끼기도 합니다. 하지만 순간순간마다 던지는 말과 행동의 습관에 따라 우리 인생은 달라질 것입니다.

성공과 성숙을 위해선 그 어떤 것도 끈기와 인내, 일관된 성실함을 대신할 수 없습니다. 인생은 메아리에 비유할 수 있습니다. 인생은 우리가 말하고 행한 모든 것을 되돌려줍니다. 우리의 인생은 우연히 아니라 우리 반영의 연속인지 모르겠습니다.

소중한 삶을 살기 위해 오늘의 일상을 어떻게 풍부하고, 즐겁고, 의미 있는 경험으로 만들 것인가 고민하며 하루를 시작하시지요.

상큼한 하루 만드시길 빕니다.

사는 방식이 산다는 것 자체보다 중요하다.
– 스티븐 코비

미래에 대한 최고의 예언자는 과거이다.
– 조지 고든 바이런

아침의 행복 편지 131 '고인 물은 썩는다'

어느덧 10월이 되었습니다. 나이 들수록 세월이 참으로 빠르게 흘러감을 느낍니다. 새로이 맞이한 한 달 알차고 보람되게 만들어 가시길 빕니다.

'고인 물은 썩는다' 는 말이 있습니다. 고인 물이 썩는 이유는 물 속에 산소 공급을 못해주고, 물이 흐를 때의 자정작용을 못하기 때문입니다.

사람도 자신의 생각에 깊이 고정되면 편견이 되고 선입견, 고집이 되어서 눈앞에 새롭게 펼쳐질 세상을 못 보게 됩니다. 지금까지 믿지 못하고 불가능할 것이라고 생각되었던 일이 실제로 이루어져도 닫힌 마음 때문에 볼 수가 없습니다. 이 세상에는 불가사의한 일들이 실제로 많이 일어납니다.

고집과 편견에 사로잡힌 사람의 마음은 병들어 있습니다. 그런 마음은 인간의 교류와 성장을 막고, 완전한 건강을 꽃피우기 어렵습니다. 건강하고 행복한 삶을 위해서는 열린 마음이 필수 조건입니다. 흐르는 물이 자정능력을 부여하듯 우리의 생각도 호기심과 순진함, 열린 마음으로 하루하루를 지내야겠습니다.

오직 마음이 깨어 있을 때 많은 것을 보고 느끼고 깨달을 수 있으며 세상을 풍요롭게 살 수 있지 않을까요?

아침의 행복 편지 132 낙타의 죽음

서아시아와 북아프리카의 사막 지대에 사는 포유동물로, 사막을 이동하는 사람들에게 없어서는 안 될 교통수단으로 쓰이는 낙타! 모든 것에는 양날의 칼처럼 좋은 점과 나쁜 점을 지니고 있게 마련인데 낙타도 예외는 아닙니다. 낙타는 이동 중에 크게 까탈도 부리지 않으며 동행하는 사람을 따라 수천 리를 걷고도 지친 내색을 하지 않는다고 합니다. 그런데 문제는 낙타가 충실하게 걷다가 어느 순간 무릎을 꺾고 숨을 거두어 종종 사막 한가운데를 가고 있는 동행자에게 치명적인 어려움을 준다는 것입니다. 그래서 사람을 배신하는 짐승이라는 별칭을 지니고 있습니다.

주변에서 가끔 낙타처럼 앞만 보고 묵묵하게 열심히 맡은 일을 하다가 치명적인 병을 얻어 유명을 달리하는 사람들을 종종 봅니다. 일견 자신의 길을 충실하게 걷는 그분들의 모습에서 고상함과 존경스러움이 느껴지기도 하지만 함께 '동행'하는 가족들에게는 큰 상처와 고통을 남겨주게 마련입니다.

40-50대 돌연사 세계 1위를 차지하고 있는 우리 사회! 과도한 경쟁이 심화되고 있는 환경에서 각자의 건강 체크와 관리는 일 못지않게 중요하게 신경 써야 할 일이며, 가까운 사람들에게 힘들면 힘들다고, 어려우면 어렵다고 표현하는 것이 꼭 필요해 보입니다. 아무런 기색 없이 무던하게 오래 참으며 사는 것이 미덕만은 아닌 듯싶습니다.

가까운 사람들 사이에 서로서로 더 관심을 갖고, 이해해주고 이해받는 정서적 교류만이 '낙타의 배신'을 예방할 수 있지 않을까요? 깊어가는 가을 이 한 주 더욱더 건강에 신경 쓰시고, 가족과 가까운 지인 간에 나날이 공감과 소통을 더 많이 이루시길 빕니다.

아침의 행복 편지 133 과거의 기억

사람들은 흔히 '과거에 집착하지 말라.' '과거에 얽매이지 말라.' 라는 말을 합니다. 과거는 우리의 생각을 통해 옮겨가는 기억입니다. 만약 떠오르는 생각이 어둡고 부끄럽고 후회하고 원망하는 생각을 한다면 분명 우울하고 무기력하고 속상한 느낌이 떠오를 것입니다. 반대로 뿌듯하고 즐겁고 밝은 생각을 한다면 자부심과 기쁨 열정이 느껴지실 겁니다.

사실 10년, 20년 전 내 자신이 했던 일, 내가 맺었던 인간관계, 지녀왔던 생활습관과 사고방식 등이 오늘과 내일의 내 모습에 큰 영향을 미칠 것은 사실입니다. 하지만 과거에 대한 생각을 어떻게 하느냐에 따라 오늘과 내일의 삶은 달라질 수 있습니다.

생각이 우리의 감정을 만듭니다. 부정적인 생각들은 내 자신에 대해 회의를 갖게 하는 특징이 있습니다. 과거에 대한 부정적 기억들은 흘러가는 강물에 띄워 보내듯이 연연해하지 않겠다는 내 자신의 결단이 필요합니다.

왜냐하면 10년 전에 일어났건 어제 일어났건 과거는 지금 이 순간의 삶을 즐기는 능력과는 아무런 상관이 없기 때문입니다. 자신을 주눅들게 하면서 지나간 과거로부터 교훈을 얻으려는 반복된 습관은 과감히 벗어 던져야 합니다. 과거로부터 자유로운 삶을 사는 것이 건강하고 행복하게 살아가는 지름길입니다.

당신은 지금 과거에 연연해하고 있지 않습니까?

아침의 행복 편지 134 봄 풍경

만약 누군가 저를 보고 연중 아름다운 사계절 풍경 중 하나를 들어보라면 단연코 요즈음의 산 풍경을 들겠습니다. 수목들과 봄꽃들이 한데 어우러져 파스텔톤으로 채색된 풍경을 선사하고 있지요. 짙은 푸른색 바탕에 다양한 연초록과 하얀 꽃이 군데군데 눈에 띄는 모습이 정겹습니다.

당나라 시인 유정지(劉廷芝)의 '흰머리를 슬퍼하는 노인을 대신해'(대비백두옹 代悲白頭翁)라는 시 한 귀절이 새롭게 마음에 다가옵니다.

> 해마다 꽃들은 비슷하지만 해마다 사람들은 다르도다.
> (年年歲歲花相似 歲歲年年人不同)

올해도 어김없이 찾아온 봄 풍경은 그지없으나 내 모습은 작년과 어이 달라졌는가? 한해 한해 사람들을 대하면서 더 관대해졌는가? 사람들에게 건네는 불필요한 말들은 혹시 더 늘지 않았는가? 내 처지를 알고 항상 감사하며 배려하는 마음으로 살아가고 있는가? 해마다 찾아오는 사계절을 맞이하면서 좀 더 지혜롭고 사람다워지기를 소망해봅니다.

오늘도 자연에 순응하며 사는 복된 하루 만드시길 빕니다.

무재칠시(無財七施)

어떤 사람이 부처님을 찾아와 자기가 하는 일마다 제대로 되는 일이 없는데 그 이유가 무엇이냐고 호소하였습니다. 그러자 부처님께서 "그것은 네가 남에게 베풀지 않았기 때문이니라."라고 말씀하시자, 그는 자기가 아무 것도 없는 빈털터리라며, 남에게 줄 것이 없어서 줄래야 줄 수 없다고 대답했습니다. 그러자 부처님께서 가진 게 없는 사람 누구라도 남에게 베풀 수 있는 일곱 가지를 가지고 있다는 교훈을 깨우쳐 주십니다. 바로 잡보장경(雜寶藏經)이라는 불경에 나오는 "무재칠시(無財七施)" 입니다.

첫째, 안시(眼施) : 부드럽고 온화한 눈빛을 가지고 호의를 담은 눈으로 남을 대하는 베품을 말합니다.

둘째, 화안시(和顔施) : 얼굴에 화색을 띠고 부드럽고 정다운 얼굴로 남을 대하는 베품을 말합니다.

셋째, 언사시(言辭施) : 언제나 공손하고, 부드럽고, 좋고 아름다운 말로 남을 대하는 베품을 말합니다. 감사의 말. 칭찬의 말. 위로의 말. 격려의 말. 양보의 말. 부드러운 말 등이 이에 해당합니다.

넷째, 신시(身施) : 몸을 움직여 남을 돕고, 정성껏 대하는 베품입니다. 어려운 이웃이나 노약자의 짐을 들어주는 등등의 행위가 이에 해당합니다.

다섯째, 심시(心施) : 착하고 어진 마음과 따뜻한 마음을 가지고 마음의 문을 열고 남을 대하는 베품을 말합니다.

여섯째, 상좌시(牀座施) : 언제나 다른 사람들에게 자리를 양보하는 베품을 말합니다.

일곱째, 방사시(房舍施) : 다른 사람들에게 편안히 쉴 공간을 내어주는 베품을 말합니다. 남의 세세한 것도 살펴 헤아리라는 뜻으로 찰시(察施)라고도 합니다.

경제적으로 부유하다고 해서 베풀 수 있는 것도 아니며, 가진 것이 없다고 해서 베풀 수 없는 것도 아닙니다. 우리 사회가 과거에 비해 점점 더 인심이 줄고, 거칠고 불친절해져 가는 것 같아 안타깝고 걱정스럽습니다. 우리 모두가 서로서로 친절을 베풀며 살아가는 사회를 만들어가야 하지 않겠습니까?

아침의 행복 편지 136 인생은 미완성

나이 들어가면서 유독 유행가 중에 마음에 와 닿는 노래들이 있습니다. 옛날에는 곡이 좋아 흥얼거렸지만 요즈음은 가사를 음미해보지요. '인생은 미완성 쓰다가 마는 편지' 로 시작되는 이진관의 곡 「인생은 미완성」 이라는 노래가 있습니다. 가을에 어울리는 노래 중 하나 아닐까 싶습니다. 가사를 보실까요?

인생은 미완성 / 쓰다가 마는 편지 /
그래도 우리는 / 곱게~ 써가야 해
사랑은 미완성 / 부르다 멎는 노래 /
그래도 우리는 / 아름답게 불러야 해

사람아 사람아 / 우린 모두 타향인 걸 /
외로운 가슴끼리 / 사슴처럼 기대고 살자
인생은 미완성 / 그리다 마는 그림 /
그래도 우리는 / 아름답게 그려야 해

친구야 친구야 / 우린 모두 나그넨 걸 /
그리운 가슴끼리 / 모닥불을 지피고 살자
인생은 미완성 / 새기다 마는 조각 /
그래도 우리는 / 곱~게~ 새겨야 해

비록 내가 만들어가는 인생이 부족하고 미완성이기는 하지만 곱게,

아름답게 만들어가야겠지요. 누구나 아는 사실! 인생은 내가 만들어 가는 것입니다. 다만 행복한 이는 행복하기를, 불행한 이는 불행하기를 선택했을 뿐입니다. 결국 인생은 매 순간 순간마다 하는 선택에 의해 만들어집니다. 어느 누구도 그 선택을 대신해줄 수 없습니다.

내가 쓰기로 선택한 말들, 내가 만나기로 선택한 사람들, 내가 가기로 선택한 곳들, 내가 행하기로 선택한 행위들, 내가 읽기로 선택한 책들 등 내 마음속에 선택한 것들의 총합(總合)이 곧 내 인생입니다. 아무리 좋은 것도 내가 받아들이지 않으면 무용지물이 됩니다. 치유도, 사랑도, 용서도, 우울도, 기쁨도, 가르침도, 과거도, 현재도, 미래도….

인생은 미완성! 오늘도 내 인생의 한 페이지를 곱게 아름답게 만들어 가시면 좋겠습니다.

행복은 작은 일상에서

누구나 죽음을 마주하면 삶을 바라보는 시각이 완전히 달라지게 되나봅니다. 사실 그 당사자만 그런 것이 아니라 오랜 지기로 살아온 가까운 사람들도 일상을 되돌아보게 마련이지요. 죽음은 산자가 어떻게 삶을 더 의미 있게 살아야 하는가 깊은 질문을 던집니다.

'마지막으로 바다를 본 것이 언제였는가?' '찬란한 아침 태양을 바라본 적이 언제인가?' '가족들과 오붓하게 식사한 것이 언제였던가?' 죽음을 앞둔 사람들은 한 번만 더 바다를 보고 싶다고, 청명한 아침 햇빛을 온몸으로 받아보고 싶다고, 마지막 길을 떠나기 전 가족의 체취가 곳곳에 담긴 집에서 보내는 시간을 갖고 싶다고 말합니다. 우리들이 지나치기 쉬운 것들이 그분들에게는 너무도 간절한 애원사항이 되곤 하죠.

마지막 순간에 간절히 원하게 될 것들! 그것들을 지금 하라고 그분들은 우리에게 말합니다. 지금 이 순간을 더 충실하게 살라는 단순한 메시지 그 이상입니다. 아마도 "만일 내가 다시 산다면 스치는 하나하나를 더 소중하게 생각하며 행복하게 살고 싶습니다."라고 우리들에게 진심을 담아 후회와 아쉬움을 고백하는 것인지도 모르겠습니다.

"Happiness comes from small things." 행복은 작은 일상에 깃들어 있습니다. 각자의 처지에서, 하는 일과 만나는 사람들에게 정성을 다하는 하루 만드심이 어떨는지요?

사회적 활동

행복한 삶을 위해서는 친밀한 인간관계가 미치는 영향이 매우 큽니다. 최근 옥스퍼드대학의 로빈 던바 교수는 실험을 통해 남성의 사회적 활동이 건강 등에 어떠한 영향을 미치는지 조사했습니다.

그 결과, 남성은 최소 주 2회 절친한 친구들과 만나 맥주 한 잔을 마시거나 운동을 하는 등 교류할 때 더 건강하고 병에서도 빨리 회복됐으며 심리적으로도 너그러워지는 것으로 나타났습니다.

영국의 성인 남성 40%는 일주일에 겨우 한번 친구들과 만나고 있으며 3분의 1은 자주 만나기 위해 노력하고 있지만 실천하지 못하는 것으로 나타났습니다. 이에 대해 던바 교수는 "남성이 우정의 진정한 혜택을 경험하기 위해 매일 친구들과 만나는 것이 효과가 크겠지만, 최소 주 2회 절친한 친구 4명과 만나는 것이 좋다."고 권유합니다.

또한, 이 실험을 통해 남성은 모이는 인원이 5명 이상일 때 웃는 횟수가 극도로 줄어들었기 때문에 많은 친구와 동시에 함께 교류하는 것도 별로 좋은 방법은 아닌 것으로 나타났습니다.

행복의 원천은 '인간관계' 입니다. 당신은 절친한 친구가 누구인가요? 그 친구와 일주일에 몇 번이나 만나시나요? 깊어가는 가을, 바쁘다는 핑계로 소원했던 친구들을 만나 담소를 나누시면 어떨까요?

아침의 행복 편지 139 **사람의 마음**

우연히 인터넷 자료를 찾다 '사람의 마음'에 대한 글을 보게 되었습니다. 스크랩된 내용이라 출처가 분명하지 않아서 아침 편지로 보내드릴까 망설이다 그래도 마음에 와 닿는 부분이 많아서 '전달' 합니다.

'사람의 마음은 살아온 삶의 경험이 만듭니다.
세상은 있는 대로가 진짜이고 참입니다.
하지만 사람은 실제 세상을 그대로 복사한, 가짜이고
허상인 내 마음세계 속에 살고 있습니다.

어린 시절부터 오늘에 이르기까지 보고 듣고
경험한 모든 것을 눈 코 귀 입 촉감으로 사진을 찍어놓으니,
사람의 마음은 이 사진이나 비디오테이프와 같습니다.

자기가 만든 마음세계는 눈을 떠 보면 실제 세상과 너무나 똑같이 겹쳐져 있어,
사람들은 세상에 사는 것처럼 착각하며 살아갑니다.
하지만 그것은 내가 만든 허상의 사진세계입니다.'

사람들은 저마다 자기의 경험 세계 속에서 세상을 보고 느끼고 판단합니다. 자신이 갖고 있는 경험의 틀이 얼마나 사실과 진리에 가까울까요? 내가 만든 경험의 틀이 불완전하고 경우에 따라서 허상일 수 있다는 자기 인정이 있을 때 비로소 진솔함과 겸손함이 묻어나오지 않을

까요?

가끔 내 입장에서, 내 경험에 비추어 나만의 방법으로 모든 것을 바라보기를 멈추고 상대방의 입장에서 그리고 제3자의 입장에서 바라보는 여유를 가지시길 빕니다.

아침의 행복 편지 140 **나는 오늘**

시간은 참으로 빠르게 지나감을 점점 실감합니다. 올해도 2015년 새해에 들어선 지가 엊그제 같지만 벽에 걸린 달력은 덩그러니 이번 달을 포함하여 석 장에 불과하니 말입니다. 우리 자신이 시간에 대해 예의주시하지 않는 한, 시간은 쥐도 새도 모르게 지나가버리는 것 같습니다. 가끔은 거울을 쳐다보듯 한 달, 사분기(3개월), 한해를 어떻게 지냈는지 돌아보는 것도 중요하겠지요. 그런데 개인적으로 그 많은 시간에 무엇을 했나 돌아보면 바쁘기는 했지만 별로 한 것이 없어 보이고 막연한 느낌이 들 때가 많습니다. 그래서 실효성 있는 것은 그저 하루하루 보내는 시간에 대하여 더 주목하는 일이 아닐까 생각해 봅니다.

나는 오늘 뜻 깊고, 유익한 일, 스스로 자부심을 느낄 수 있는 일에 시간을 할애할 준비가 되어 있는가? 내게 주어진 오늘의 시간들을 나름 옳고, 선한 곳에 쓴다면 어떤 일에 쓸 것인가? 각자가 처한 환경에서 시간의 중요성과 필요도는 달라지겠지요.

혹시 습관적으로 TV를 켜기, 아무런 생각 없이 휴대폰 게임하기, 불평불만으로 이어지는 긴 전화통화…. 도둑맞는 듯한 시간들을 보내기보다는 내 의지를 가지고 스스로 선택하는 시간들이 의미가 있지 않을까요?

여유를 갖고 충분히 휴식하기, 누군가에게 필요한 일 또는 돌보는 일

기꺼이 하기, 나 자신의 성장을 위해 배우고 깨닫는 일하기, 건강 챙기기, 관계를 챙겨보는 일… 등. 그 중 하나라도 온 마음을 다해서 정성스럽게 한다면 행복해지지 않을까요?

아침의 행복 편지 141 나를 좋아하는 사람의 비율

혹시 이런 생각해보셨습니까? 태어나서 성장하면서 지금까지 얼마나 많은 사람들을 만나보셨을까요(어림잡아 숫자로)? 서로가 인사도 하고 몇 번의 교류가 있었던 분들로요. 만나본 사람들 중 과연 나를 좋아하거나 괜찮은 사람들이라고 기억하는 사람들은 몇 퍼센트쯤 될까요? 그분들이 기억하는 '나'는 어떤 사람들이라고 기억하고 있을까요?

어려서 주위사람들(의미 있는 타인: 부모, 교사, 친구, 친지 등)의 기대나 요구에 따라 행동할 때 비로소 사랑과 관심을 받았습니다. 그러면서 옳고 그름도 깨우치고, 어떤 상황에서 어떻게 행동해야 하는지를 배웠습니다. 한 어린아이는 의미 있는 타인들로부터 적절한 신체적, 물질적, 정서적, 심리적 돌봄을 받았을 때 비로소 건강한 아이로 성장할 수 있습니다. 그런데 특히 정서적, 심리적으로 적절한 양육을 받지 못하면 여러 가지 부작용을 체득하게 됩니다. 한 예로 의미 있는 타인의 충분한 관심과 사랑을 받고 자라지 못하면 타인의 시선과 평가에 지나치게 민감하거나, 모든 사람들에게 사랑과 인정받아야 한다는 믿음을 갖게 됩니다. 이를 테면 자신을 믿지 못하고, 자신의 정체성에 회의를 품고 늘 타인들에게 의존하고 집착하게 되지요. '의존과 독립'은 우리 삶 전체 과정에 함께하는 스트레스이지만 적절한 독립과 의존은 한 사람에게 조화와 균형이 필요한 부분입니다. 너무 의존적이어도 너무 독립적이어도 사람들과 어울려 사는 데 문제가 되겠지요.

'행복한 사람은 다른 사람도 행복하게 만든다.'

— 마크 트웨인

'당신의 가장 친하게 지내는 다섯 사람의 평균이 곧 당신이다.'

— 짐 론

'한 사람을 사람답게 만드는 것' '한 사람의 행복감을 높이는 것'은
역시 가까운 사람들과의 관계이다.

평상시 얼마나 많은 사람들이 나를 좋아하기를 바라고 계십니까? 비록 노력은 해야겠지만 모든 사람들이 나를 좋아하기란 불가능한 일입니다. 그동안 만나면서 알고 지낸 사람들 중 몇 퍼센트가 나를 좋아하고 있을까요? 그저 그런 사람, 보통이라고 생각하는 사람들과 싫어하는 사람들의 비율은? 야구에서 3할 대의 평균 타율을 우수타자라고 하는 것처럼 내가 알고 있는 사람 중 30%가 나를 좋아하고, 50%가 나를 보통으로 생각하고, 20%가 나를 싫어한다면 잘 살아왔다고 할 수 있지 않을까요? 너무 많은 사람들이 나를 싫어한다면 본인은 어떨지 몰라도 나로 인해 가까운 사람들이 불행해질 수 있습니다. 반대로 너무 많은 사람들이 나를 좋아해야 한다고 집착해도 내가 행복하기 어렵습니다.

나를 좋아하는 사람들의 비율을 3할대로 유지하면서, 나를 좋아하고 사랑하는 사람들로부터 진정 사랑받는 것이 인생의 행복 중 행복이 아닐까요? 오늘도 많은 분들을 만나시겠지요? 너무 높은 타율 신경 쓰지 마시고, 그 중 나를 좋아하고 사랑하는 분들로부터 사랑받을 수 있게 노력해 보심이 어떨는지요? MVP 타자도 가끔은 헛스윙으로 삼진아웃을 당한답니다.

오늘도 행복을 발견하는 하루, 누리는 하루 되시길 빕니다.

경험

경험(經驗) : [명사]

1. 자신이 실제로 해보거나 겪어 봄. 또는 거기서 얻은 지식이나 기능.
2. 〈철학〉 객관적 대상에 대한 감각이나 지각 작용에 의하여 깨닫게 되는 내용.

‘하고 싶은 일이 있으면 먼저 경험하라.’

‘더 많은 세상을 경험하라.’ ‘젊어서 고생은 사서도 한다.’

‘다양한 경험을 쌓을 수 있는 좋은 기회이다. 주어진 시간 안에 많은 경험을 해봐라.’

‘세상을 넓게, 크게 보는 안목을 얻기 위해 많은 사람을 만나고 여러 경험을 하라.’

삶의 지혜를 깨달으려면 지식에 반드시 경험을 추가해야 한다는 것을 학생들에게 강조하면서 권하는 이야기들입니다. 경험의 중요성을 강조하는 셈이지요. 다양한 경험은 실제로 몇 가지 실익이 있기 때문입니다. 하나는 자기 스스로를 발견하고 이해하는 데 좋습니다. 자신이 지니고 있는 재능을 발견하고, 자신의 강점과 약점을 헤아릴 수 있습니다. 둘째는 사물이나 상황, 사람들을 다각적인 시각으로 바라볼 수 있는 이해력 증진과 사고의 확장을 가져오기 때문입니다. 셋째는 자신이 그동안 쌓아온 지식과 잠재력 개발 노력이 경험을 통해 재능을 더욱 공고히 하고 자신감을 가져다주기 때문입니다.

사실 젊은 학생들에게만 해당되는 이야기는 아니겠지요? 누구나 학생들처럼 방학을 이용해서 자유롭게 이곳저곳 돌아다니며 많은 사람을 만나고 보고 듣고 느껴볼 수 있는 경험이라면 얼마나 좋겠습니까. 하지만 어떻게 보면 매일 자신에게 벌어지는 모든 일들이 경우에 따라 모두 경험이 될 수 있습니다. 대부분 사람들은 별 생각 없이 특별한 변화 없이 매일매일 일상을 반복하기 일쑤입니다. 진정한 경험이 되기 위해서는 한 가지 조건이 있습니다. 올더스 헉슬리의 예리한 지적입니다.

'사람에게 일어나는 일이 경험은 아니며
일어난 일을 두고 그 사람이 무엇을 하느냐가 경험이다.'
- 올더스 헉슬리(Aldous Huxley)

습관적으로 지내는 일상에 대해 의문을 가지고 다시 바라보고 느껴보고 생각해보고 그것을 행동에 옮길 때 비로소 경험이 된다는 뜻이겠지요. 제게는 놀라운 통찰처럼 보입니다. 역시 통찰 뒤에 "Action!" 이 필요합니다. 너무도 익숙해진 습관이 걸림돌이라서 "Action!"이 결코 쉽지 않음을 절감합니다. 하지만 오늘도 새마음으로 한 걸음 한걸음 뚜벅뚜벅 걸어가려 합니다.

오늘도 "Action!"을 통해 소소한 행복을 누려 보심이 어떨는지요?

아침의 행복 편지 143

감동을 전해주는 주인공

여러분은 최근에 누군가로부터 진한 감동을 받은 경험이 있습니까? 만약 우리가 주위에서 감동을 받는 일이 수시로 일어난다면 얼마나 좋을까요? 그저 이상적인 생각이 아니었으면 좋겠습니다. 우리들 마음을 좀 더 순화시켜주고 훈훈하게 만들어줄 것 같기 때문입니다. 많은 사람이 똑같이 감동한다는 이야기는 바꾸어 말하면 우리들 본성에도 각자 그런 마음을 지니고 있어서 공명(共鳴)이 일어나는 것이겠지요. 사람마다 지니고 있는 내면의 아름다움을 좀 더 자주 목격하면 좋겠습니다.

지난여름 한 TV 방송국 〈반려 동물극장 단짝〉 이라는 프로그램에 소개된 진돗개가 있었습니다. 지리산 둘레길 중 가장 인적이 드물다는 오지 10코스와 11코스(위태~하동호)를 찾는 등산객들을 위해 길 안내를 하는 진돗개인데 스토리가 참 감동적입니다. 하동군 위태마을에 사는 진돗개 정돌이(5세)는 주인집(민박)에서 숙박하고 떠나는 손님 등산객들을 위해 다음날 어김없이 '길 안내 서비스' 를 해준답니다. 손님을 11코스까지 바래다주고 집으로 돌아오자면 날이 저물어 밤길을 홀로 돌아와야 하는데 왕복 코스만도 46Km, 귀가 시간은 정확하게 밤 9시에서 9시 10분 사이! 손님 등산객을 안내하는 동안은 무조건 손님보다 앞장서서 가기, 먼저 가다가 손님을 뒤돌아보며 기다려 주기, 쉼터에선 손님이 쉬었다 가라고 먼저 자리를 잡고, 갈림길에선 제 길로 갈 수 있게 방향도 가르쳐주면서 영리한 길동무가 되어준답니다. 사람(?)보다도 충직한 일을 어김없이 하는 모습이 신기할 뿐만 아니라 믿기 어려운 감동을 줍니다.

가만히 생각해보면 말도 못하는 개가 사람의 마음을 헤아려 배려하고 친절한 행동을 하는 것을 보면 사람 못지않은 영성(靈性)을 지닌 듯싶습니다. 감동은 역시 자신보다도 다른 사람에게 관심을 보이고, 보살피고, 베푸는 일에서 빚어집니다. 인간다움, 그 내면의 아름다움은 얼마나 자신에게서 벗어나 다른 이들에게로 향하느냐에 달려 있어 보입니다. 우리 가슴을 뭉클하게 전해주는 감동의 주인공들은 모두 자신보다 다른 사람들로 하여금 더 어울려, 다함께 품격 있는 삶을 살 수 있도록 도와준 사람들입니다. 똑똑한 일보다는 올바른 일에 앞장선 분들이지요. 서로의 마음에 울림을 주는 일들을 자주 목격하는 세상에서 살았으면 좋겠습니다. 똑똑함이 자기 꾀에 넘어가 올바른 일을 소홀히 하지 않았는지 되돌아볼 필요가 있어 보입니다. 과거보다 훨씬 더 많이 배웠지만 사람들이 지혜로워지지 않은 것은 감동을 주는 데 그 지식을 사용하지 않았기 때문이 아닐까요?

오늘은 누군가에게 작은 감동을 전해주는 주인공이 되어 보심이 어떨는지요?

아침의 행복 편지 144 **결혼만족도**

사람들이 결혼을 하면 행복이 상당히 증가하지만, 이 증가는 단 2년만 지속된다고 합니다. 당신의 경우에 비추어 볼 때 동의하시나요? 대부분 2년이 지나면 두 사람은 각각 약혼 이전의 행복 수준으로 돌아간다고 합니다.

처음 사랑에 빠지면 서로에 대한 깊은 끌림과 욕망이 생겨서 계속 보고 싶고 함께하고 싶지요. 헤어지면 바로 보고 싶을 때가 결혼할 시기라는 말도 있습니다. 그런데 만약 그런 느낌과 욕망으로 평생을 산다면 아마 직장일도 소홀하게 될 것이고, 아이들 양육이나 친구들과의 교류 등도 소홀해지겠지요. 시간이 지날수록 열정이 식는 것이 자연의 섭리인가 봅니다.

서로 깊은 애정과 유대감, 호감을 유지하고 키워가기 위해 각별히 신경 쓰지 않으면 둘 사이는 점점 멀어지게 되는 것 같습니다. 시간이 지날수록 결혼생활의 만족감이 줄어드는 현상을 늦출 수 있는 비결 중 하나를 소개해 볼까요?

어느 실험에서 중년 부부에게 두 사람 모두 즐겁다고 생각하거나(예: 새로운 요리법, 친구 방문, 영화 보기) 짜릿하다고 생각하는(예: 스키 타기, 댄스, 콘서트 참가) 활동 목록을 제시하고, 10주 동안 매주 그 활동 중 하나를 골라 90분 동안 함께하도록 했습니다. 결과는 10주 동안 그저 즐거운 활동을 한 커플보다 짜릿한 활동을 한 커플들이 결혼생활에 더 만족한 것으로 나왔습니다.

이를 바탕으로 연구자들은 부부가 짜릿하고 참신한 활동에 함께 참여하면 긍정적인 감정이 일어나고, 상호 의존성과 친밀성이 높아지고, 서로에 대해 새로운 것을 발견하게 되고, 즐거운 감정이 만들어진다고 추정하였습니다. 그렇게 하면 결혼을 비롯한 삶의 모든 일이 더 긍정적이고 낙관적으로 변한다는 사실이지요.

반복적이고 일상적인 삶에서 신선한 놀람을 주는 일, 짜릿한 생각이 드는 일, 깜작이벤트가 결혼생활의 만족도를 높인다는 사실! 화분의 꽃이 마르지 않게 물을 주듯 배우자 간에도 수고와 노력이 필요합니다. 11월, 배우자에게 당신만의 깜짝이벤트로 시작하심이 어떨는지요?

아침의 행복 편지 145

외로움과 고독

*

사막에서 혼자 사는 것이, 사람들 사이에서
혼자 사는 것보다 훨씬 덜 힘들다.
이렇듯 외로움은 주위에 아무도 없을 때가 아니라,
사람들과 관계 속에 있을 때 더 엄습한다.
– 루소

**

외로움이란 혼자 있는 고통을 표현하는 말이고,
고독이란 혼자 있는 즐거움은 표현하는 말이다.
– 폴 틸리히

***

인간의 모든 불행은 '혼자 조용히 집에 있을 수 없기 때문에' 생긴다.
– 파스칼

사람이 그리워서 늘 힘들어했던 시절이 있었습니다. 북적이는 사람들 틈에 있어야만 내 허전한 마음을 달랠 수 있을 것만 같았던 때가 있었습니다. 다른 사람들에게서 내 존재의 의미를 발견하려고 서성거린 때가 있었습니다. 지금도 가끔 찾아오는 감기처럼 외로움으로 고통스러울 때가 있습니다. 하지만 이제는 위대한 지성들이 고독을 예찬한 글귀들이 무엇을 말하는지 어렴풋하나마 알아차릴 것 같습니다. 제가 참으로 아끼는 지인이 '혼자 있을 때가 좋다.' 는 말을 할 때 그때는 몰랐지만 이제는 그 말이 무엇인지 공감할 수 있습니다.

****

행복하자면 주변 사람들에게 너무 신경을 쓰지 말아야 한다.
그리고 우주가 얼마나 큰지 알려주는 것은 거대한 고독뿐이다.
- 카뮈

가끔은 혼자서 즐겁게 넓은 우주를 향해 수수께기 풀 듯 뛰노는 동심이 되고 싶습니다. 제가 20-30대에 이런 즐거움을 맛보았더라면 얼마나 좋았을까 생각들 때도 있습니다. 하지만 늦게 깨달은 맛이 2-3배 짙어서 좋아요. 고독의 샘에서 행복을 길어 올리는 기쁨을 여러분들과 함께 누리고 싶습니다.

아침의 행복 편지 146 지레짐작

지레짐작 : 어떤 일이 일어나기 전 또는 어떤 기회나 때가 무르익기 전에
미리 넘겨짚어 어림잡아 헤아림.

상대방의 말을 귀 기울여 듣는 데에는 너그러움이 있어야 받아들이기 쉬운 듯 싶습니다. 그런데 대부분 상대방의 말을 들으면서 '있는 그대로' 가 아니라 과거에 있었던 일을 비추어 듣기 때문에 오해하고 곡해합니다.

나이 들수록 선입견, 편견, 속단, 어설픈 독심술을 경계하는 것이 지혜로운 게 아닐까 생각해 봅니다. 나이 들수록 경험이 많아져 상대방을, 세상을 더 깊이 이해할 수 있도록 한없이 너그러운 사람이 되고 싶습니다. 주위를 살펴보면 경험이 많을수록 되레 너그러움은 적어지고 지레짐작만 늘어가는 것 같아 아쉬울 때가 많습니다. 옹졸함! 경계해 보시지요.

오늘은 지레짐작 대신 너그러운 마음을 가지고 상대방을 '있는 그대로' 보고 듣는 데 신경 쓰면 어떨까요?

아침의 행복 편지 147 **스승의 날**

오늘은 스승의 날입니다.

우리가 성장하는데 꼭 필요하면서 너무도 중요한 사람이 부모, 교사, 친구들입니다. '스승' 하면 누가 떠오르세요? 당신은 'TV는 사랑을 싣고' 에 초대할 선생님을 추억 속에 간직하고 계신가요?

공자는 〈논어〉 술이편(述而篇)에서 삼인행, 필유아사언(三人行, 必有我師焉) 택기선자이종지, 기불선자이개지(擇其善者而從之, 其不善者而改之), 즉 "세 사람이 길을 가더라도 그중에 반드시 내 스승이 될 만한 사람이 있는데 이는 그들 중 좋은 점을 가진 사람의 장점을 가려 이를 따르고, 좋지 않은 점을 가진 사람의 단점으로는 자신을 바로잡을 수 있기 때문이다."라고 말합니다.

사실 우리는 사람들과의 관계를 통해서 배우고 성장합니다. 무엇보다 중요한 것은 내 자신이 배우겠다는 의지, 성장과 성숙을 향한 열정이 있어야 합니다. 우리 모두는 혼자가 아니며 주위 사람들과 어울리며 많은 것을 느끼며 깨닫습니다.

오늘도 우리는 수많은 사람들과의 관계에 초대되었습니다. 서로 좋은 점을 보고 배우는 데에 눈과 귀를 열었으면 좋겠습니다. 음으로 양으로 지금의 제가 있기까지 도와주신 선생님들을 기억하면서 좋은 이웃으로 거듭나려는 다짐을 해봅니다. 선생님 고맙습니다.

아침의 행복 편지 148

남의 떡이 커 보인다

주위에서 행복해 보이는 사람들을 자세히 살펴보면 남다른 부분을 발견할 수 있습니다. 우선 그들은 다른 사람들 때문에 스트레스를 덜 받는 특징을 지니고 있지요. 그 비결은 남과 굳이 자신을 비교하는 데 신경 쓰지 않으며, 오직 자기자신이 생각하고 설정한 목표나 기준에 맞추어 살아가는 듯 보입니다. 게다가 웬만하면 모든 것을 좋게 긍정적으로 생각하는 경향을 지니고 있습니다.

우리말에 '남의 떡이 더 커 보인다.'는 말이 있습니다. 상대방의 떡이 더 커 보이면 상대적으로 자신은 결핍감을 느끼게 되죠. 그러다 보면 걱정과 짜증이 잦아지고 자신에 대한 불만이 점점 커집니다.

남의 떡이 더 커 보이는 이유가 혹시 이래서 그렇지는 않을까요?

* 평상시 다른 사람들에 비해 무언가 부족하다고 느껴 현재에 대해 만족하지 못하고 있는 것은 아닐까요? 현재에 대해 감사한 마음이 부족한 것은 아닐까요?
* '많으면 많을수록 좋다.'는 생각에서 항상 부족한 것, 결핍된 것에 초점을 두어 불만이 습관화되어 살고 있는 것은 아닐까요?
* 자신이 갖지 못한 부와 명예, 물건 등을 지닌 사람들을 보면서 왠지 부당하다는 생각에 시기심과 질투심을 느끼고, 자신이 초라하다고 느끼는 것 아닐까요?

행복해지려면 갖고 있지 못한 것에서 가지고 있는 것으로 관심의 초점이 달라져야 합니다. 갖고 있지 않은 것에 에너지를 소모하기보다는 현재 가지고 있는 것에 대한 감사함과 그것으로 무엇을 어떻게 할 것인가 생각하는 것이 좋습니다.

남을 지나치게 의식하거나 비교하는 일은 사서 고생하는 일입니다. 있는 그대로 나답게 사심이 어떨는지요? 이번 한 주도 수고하셨습니다. 편안하고 행복한 주말 맞이하시길 빕니다.

아침의 행복 편지 149 틀 효과

담배를 좋아하는 신자가 성직자에게 물었습니다. "기도하면서 담배를 펴도 되나요?" 그랬더니 성직자의 대답이 단호히 "안 된다"고 말씀하셨습니다. 이를 지켜본 친구가 "담배를 피울 때, 기도해도 되나요?" 라고 바꾸어 물어보라고 했습니다. 그랬더니 껄껄껄 웃으면서 "기도는 아무 때나 가능하다"고 하시더랍니다. 이 이야기는 똑같은 사건을 단어의 순서만 바꾸어 제시하는 경우 전혀 다른 효과를 가져 올 수 있음을 보여주는 대표적인 사례입니다. 심리학에서는 이런 현상을 틀 효과(frame effect)라고 부릅니다.

틀 효과의 사례는 일상에서 흔히 볼 수 있습니다. 보험을 권유할 때, 1년에 36만원 납입하면 된다고 설명하는 경우와 하루에 천 원씩만 아끼면 된다고 설명하는 경우 후자가 훨씬 부담을 덜 느끼고 흔쾌히 수락할 가능성이 높습니다. 결국 액수는 같은데 1년이라는 틀을 적용했느냐 아니면 하루라는 틀을 적용했느냐에 따라 결과는 부담을 느끼는 정도가 크게 다르지요. '하루에 그 정도쯤이야' 하며 결정은 흔쾌히 하겠지만 매월 꼬박꼬박 3만원의 보험료를 내는 일은 그리 부담 없는 일이 아닙니다.

위와 같이 인간은 매우 이성적인 행동을 할 거라 생각하지만, 이렇게 '아 다르고 어 다른 말' 에 속아 넘어가는 일은 흔하답니다. 일상생활에서 우리 생각의 틀을 어디에 맞추느냐에 따라 전혀 다른 삶을 살 수 있습니다. 일반적으로 행복한 사람들은 긍정의 프레임으로 세상을 바라보는 반면 불행한 사람들은 부정의 프레임으로 세상을 바라봅니다. 실수를 새로운 배움의 기회로 생각하는 경우와 더 큰 실패의 전주곡으로 생각하는 경우가 바로 그 예입니다.

관점을 행복에 맞출 것이냐, 불행에 맞출 것이냐는 우리 각자의 선택입니다. 어느 것을 선택하느냐에 따라 내 삶도 달라지고 나와 관계된 이들의 삶도 달라집니다. 가끔 내가 이제까지 가지고 있던 프레임을 점검하는 일은 정신건강을 위해서나 실제 일의 효과를 위해서도 매우 유익한 일이 될 것입니다.

자녀의 영어 점수가 50점에서 60점으로 올랐다면 "학원까지 보내주었는데도 10점밖에 못 올려!"라고 소리 지르시는 편입니까? 아니면 "10점이나 올리느라고 애 많이 썼구나." 하며 칭찬해주시는 편입니까?

아침의 행복 편지 150 1982년 이후

얼마 전 서울 여의도 한복판에 있는 IFC 빌딩 내에 있는 식당가에서 외식할 기회가 있었습니다. 그곳은 세계 어느 도시 번화가와 비교해도 손색없는 화려함을 지니고 있어서 우리나라가 정말 반세기 동안 놀라운 경제발전을 이룩했음을 실감했습니다. 제가 1982년 처음 파리에 갔을 때를 떠올려 보며, 만약 북한 주민들이 서울의 그런 번화가를 처음 방문한다면 어떤 느낌을 받을까 상상해 봅니다.

31년 전 파리에 도착해서 본 세상은 모든 것이 신기했습니다. 외화에서 보았던 도시 풍경들과 그들의 삶의 모습은 제게 큰 부러움과 동경의 대상이었지요. 막상 도착해서 보니 그 장면들은 영화 세트장에서 연출된 것이 아니고 풍요로운 일상 그 자체였습니다. 그때 받은 문화적 충격은 실로 커서 지금도 생생합니다.

구역마다 있는 녹색공원에는 수려한 연못과 화려한 꽃과 나무들이 갖추어져 있고, 사람들이 개나 고양이를 데리고 산책을 나오는 모습. 백화점과 대형 수퍼마켓 코너 코너에는 대낮 이상으로 밝게 밝힌 등 아래 전시된 다양한 물품들, 형형색색 풍성하게 쌓인 과일과 꽃가게들(처음 보는 세계의 신선한 과일들), 푹신푹신한 의자에 등을 기대고 볼 수 있는 영화관! 게다가 한 영화관서 5-6개 동시 상영하는 신기함, 그물망처럼 파리 곳곳을 연결하는 100여 년 역사의 지하철, 유서 깊은 카페들에서 삼삼오오 수다 떠는 이들과 홀로 주문한 하얀색 작은 잔에 담긴 에스프레소를 마시며 신문 보는 이들, 몇 개 층의 건물을 다 차지하고 있는 대형 서점과 문방구점, 거리마다 볼 수 있는 연인들의 스킨십 등. 먹고 살기에 급급한 사회에서 살다 온 이방인인 저에게 그들의 삶은 부러움의 대상으로 비칠 수밖에 없었습니다.

30년이 지난 지금 앞의 풍경들은 우리나라에서도 이미 익숙한 일상들이 되었습니다. 지금 젊은이들은 해외 어디를 가도 외형적으로 받는 인상만큼은 그 당시 제가 받은 느낌만큼 크지는 않겠지요? 저는 순진하게 그 당시 파리시민들은 현대문명의 온갖 편리함을 누리며 살기 때문에 자신들의 삶에 큰 자신감과 만족감을 느끼고 있으리라고 추측했지요. 하지만 한해 두해 살면서 겉으로 보는 것과 달리 그들에게도 우리가 느낄 수 없는 또 다른 고통들이 있음을 깨달았습니다. 지금 우리들은 어떤가요?

우리는 30년 전보다 훨씬 화려하고 멋진 집에서 살고, 자가용 승용차를 굴리고, 유명 브랜드 의류들에 푸짐한 메뉴의 외식을 할 수 있습니다. 그런데 사람들이 달라진 바깥 모습만큼 진정 행복을 느끼며 살고 있는 걸까요? 혹시 우리가 '풍요 속의 빈곤' '군중 속의 고독'을 느끼며 사는 것은 아닐까요? '왜' 불행을 느끼며 사는 걸까요?

아침의 행복 편지 151 가족모임

어제 저녁에는 '행복'에 대한 강의를 할 기회가 있었습니다. 간호학을 전공하는 박사과정 대학원생 한분으로부터 친정의 훈훈한 가족관계에 대한 이야기를 들었습니다. 이야기를 들으며 행복해할 가족들의 모습이 그대로 그려지는 듯했습니다.

대학원생의 친정어머님 형제는 8남매, 매년 12월이면 1박 2일로 어머님 형제자매 8남매 슬하의 온 가족들 80여 명이 모여 흥겨운 가족모임을 갖는다는 것입니다. 70대부터 몇 개월 된 영아까지 3세대가 모이는 자리랍니다. 대학원생의 막내 외삼촌께서 일찍이 사촌들 간에 자주 만나 알고 지내야 한다고 생각하셔서 어머니, 외삼촌들, 이모님들을 설득하여 매년 이루어지는 행사로, 온 가족이 매년 그날을 기다리며 각 가구별 장기자랑 준비로 행복한 고민을 하고 있다는 이야기였습니다.

우리 사회의 많은 가정들이 가족관계 면에서 점점 더 취약해져가고 있는 현실을 감안할 때 가족관계 회복 프로그램으로 참 귀감이 되는 사례가 아닐까 생각합니다. 대학원생의 덧붙인 전언도 흥미롭습니다. 화목한 친정의 가족관계 덕인지 몰라도 친정 쪽 자손들이 모두 잘 되었는데, 소원한 가족관계를 지닌 시댁 식구들과는 극명한 대조를 보인다는 것이었습니다.

가족이란 아이들이 자라는 중요한 터전일 뿐만 아니라 부모 자신들이 성숙해지는 공간입니다. 부모들은 가족의 행복을 짓는 건축가로 가정의 설계부터 시공까지 꼼꼼하게 그 과정을 살펴야 할 책임이 있습니다. 자녀들이 성장하고 뿔뿔이 흩어져 살기 때문에 화목한 가족관계를 유지하는 일은 매우 힘들고 고단한 일이 아닐 수 없습니다. 하지만 정원에 물을 주어 가꾸듯 가족관계도 자주 뭉쳐서 희로애락의 추억을 만들어가야 하지 않을까요?

국내의 한 결혼정보회사가 예비부부들을 대상으로 '결혼 후 자녀에게 물려주고 싶은 딱 한 가지를 꼽는다면?' 이라는 설문 조사를 한 결과 응답자의 64%가 '행복하고 화목한 가족관계' 라 답했다고 합니다. 아마도 예비부부들이 성장하면서 겪었던 자신들의 경험에 비추어 화목한 가족관계가 삶에 얼마나 중요하게 작용하는지 추측할 수 있었겠지요.

어릴 적 사랑받은 경험이 성년기와 중년기에 더 행복한 삶을 살아가는 기초가 되고, 노년기의 삶은 우리가 살아가면서 경험한 사랑의 총합이지 않을까요? 가족 간에 사랑했던 기억을 많이 만들어 훗날 힘들고 어려울 때 그 추억의 앨범들을 꺼내 보는 것이 행복 아닐까요? .

"인간의 모든 실패는 사랑이 부족한 결과다."
- 알프레드 아들러

"행복은 사랑을 통해서만 온다. 더 이상은 없다."
- 조지 베일런트

'사브라'

험한 사막의 악조건에서도 살아남아 꽃을 피우고 열매를 맺는 선인장. 선인장은 척박한 환경에서도 끝내 살아남는 생명력의 상징입니다. 새벽에 내리는 이슬 몇 방울로 거센 모래바람과 작렬하는 태양과 힘겨운 사투 끝에서도 살아남는 식물이지요. 그렇게 꽃이 예쁘고 향기롭지는 않지만 자라나는 환경을 상상하면 대단한 식물임에 틀림없습니다.

세계의 각 분야에서 주름잡고 있는 민족이 유대인들입니다. 유대인들의 놀라운 힘을 깊은 신앙심과 남다른 교육에서 찾는 이가 많습니다. 유대인 자녀 교육의 특징 중 하나가 선인장과 깊은 연관이 있습니다. '사브라'라는 상징적 단어이지요.

유대인들은 자녀를 어려서부터 선인장 꽃의 열매인 '사브라'라고 부릅니다. 부모들이 사랑하는 자녀를 '사브라'라고 부를 때, 자녀에게 깊은 메시지를 심어주려는 목적이 숨겨져 있습니다. 수 천년 동안 나라를 빼앗기고 세계 각국을 전전했으면서도 굴하지 않고 끝내는 빼앗긴 땅을 되찾았고, 미국의 학계, 금융계, 연예계를 장악하고 있으며 노벨상을 가장 많이 받는 민족으로의 자부심과 공동체 의식을 심어주려는 뜻이 있지요.

"너는 사브라다. 우리 조상의 인생은 선인장과 같았다. 사막에서 뿌리내리고, 비 한 방울 오지 않고 땡볕이 쬐는 악조건 속에서 살아남았다. 아침에 맺히는 이슬 몇 방울 빨아들이며 기어코 살아남았다. 그러니 너는 얼마나 소중한 존재냐. 너라는 열매를 맺기까지 조상들은 인고의 세월을 견디어냈다. 너는 사브라다. 선인장 열매다. 그러니 너도 끝까지 살아 남거라. 그리하여 또 다른 열매를 맺어라. 그 열매가 맺어지거든 그를 '사브라' 라고 불러주어라."

아기 때부터 '사브라' 소리를 매일 듣고 자라는 유대인 아이들이 어찌 그렇게 쉽게 남을 해치고 나쁜 짓을 하겠습니까? 어려서부터 자연스럽게 강한 생존 본능과 유대인이라는 민족공동체 의식을 가지게 되지 않을까요? 자신만의 사명감을 키우면서 말입니다.

우리 아이들에게도 우리들만의 전통과 공동체 의식을 심어 줄 수 있으면 좋으련만, 주변을 살펴보면 정치 경제 사회 모든 부분이 다 아귀다툼으로 비쳐지는 것이 제 좁은 소견 탓일까요? 역사의 단절, 세대 간의 갈등, 이념 갈등, 빈부격차의 심화, 지역 간 갈등, 끝없는 정쟁, 가속화되는 경쟁…. 자라나는 아이들에게 물려줄 정신적 유산을 나름 회복하고 재발견해야 할 것 같습니다. 신문 방송 보기가 두려운 지 오래되었습니다. 어디서부터 손을 대야 하는 것인지 참 고민스럽습니다.

그래도 낙숫물이 바위를 뚫듯 오늘도 묵묵히 내가 있는 곳에서 뜻있는 일을 묵묵히 해야겠지요. 우리는 혼자가 아니라 서로 깊이 연결된 존재이기 때문입니다.

아침의 행복 편지 153 생각과 지향

오늘의 당신은 당신의 생각이 데리고 온 곳에 있으며,
내일의 당신은 당신의 생각이 데리고 갈 곳에 있게 된다.
– 제임스 앨런

현자들은 우리의 삶이 '생각대로 이루어진다' 라고 말을 합니다. 그 뜻은 한편으로 평소 어떤 생각과 지향을 지니고 사느냐가 중요하다는 것이고, 또 한편으로는 그 생각을 선택하고 결정하는 주체가 다름 아닌 내 자신이라는 점에서 모든 것의 책임은 나 자신에게 있다는 점입니다. 사람마다 일상을 살다보면 '긍정과 부정' 이라는 생각 사이를 오갑니다. 평상시 어떤 단어들을 연상하며 사느냐에 따라 삶의 모습이 달라질 것입니다.

믿음, 희망, 사랑, 감사, 친절, 인내, 절제, 온유, 연민, 평화, 기쁨, 화목, 낙관, 균형, 만족, 비전, 모험, 양보, 용서, 포용, 존중….

행복한 사람은 '특별한 무엇' 을 찾는 사람이 아니라 평범하고 사소한 것을 '특별한 무엇' 으로 만들어가는 사람들입니다. 행복한 사람은 나쁜 것들보다 좋은 것을 크게 보는 긍정의 확대경을 지니고 매사를 '긍정적' 인 생각으로 만들어가는 사람입니다.

오늘도 긍정의 힘으로 상큼한 한 주를 시작하심이 어떨는지요?

말씨

자신이 평상시 사용하는 말에 대해서 가끔은 되돌아 볼 필요가 있는 듯싶습니다. 내가 사용하는 말씨는 나를 그렇게 만들 수 있기 때문입니다.

학생이 찾아와서 '저는 공부에 재주가 없습니다.' '저는 수학을 못합니다.' '저는 몸이 약합니다.' '나는 머리가 나쁩니다.' 라고 얘기를 한다면 이는 자신에 관해서 부정적으로 단정하는 것입니다.

'저는 어렸을 때 공부를 소홀히 하였지요.' '저는 초중등학교 때 수학을 충분하게 공부하지 않았습니다.' 라고 말한다면 과거에는 그리하였지만 앞으로 하면 된다는 가능성을 남겨두는 말입니다.

'저는 몸이 약합니다' 라는 말 대신에 '일교차가 심할 때 저는 감기에 잘 걸립니다.' 라는 말은 자신의 건강상태 전부가 나쁜 것이 아니고 부분적으로 컨디션에 문제가 있어 조심하면 된다는 뜻입니다.

우리가 아무 생각 없이 자주 사용하는 말 중에 혹시 자신을 부정적으로 단정하는 말은 없는지 세심하게 살펴보는 지혜가 필요합니다. 사소한 표현들이 쌓이고 쌓여서 훗날 그런 모습이 되어가기 때문입니다. 우리에게는 항상 '성장과 변화' 의 가능성이 열려 있습니다.

아침의 행복 편지 155 자존감 증진법

어린 시절 부모가 키워준 자존감이 낮다고 해서 모든 것이 결정된 것은 아닙니다. 현재 자신의 자존감을 깨닫고 그 수준을 높이고자 하는 절실한 바람이 있다면, 체계적으로 자존감을 끌어 올릴 수 있습니다. 행복한 인간관계에는 세 가지 요건이 있습니다. 우선 관계를 맺는 각각의 사람이 행복해야 하고, 서로 의사소통이 잘 되어야 하고, 관계 유지를 위해 필요한 것이 무엇인지를 서로 알고 그 필요 충족을 위해 서로 노력해야 합니다. 부모이기에 앞서 한 인간으로 자존감을 높이는 노력을 매일 기울여야겠습니다.

* 낮은 자존감 유지를 위해 취하는 행동

완고하고 엄격한 태도.
자신을 업신여기는 자기암시.
삶을 즐기지 못하는 생활패턴.
다양한 경험의 기회를 차단.
거부당할 것에 늘 대비하는 태도.
도전을 회피하는 순응주의.
방어적인 소통패턴.
부모로부터 떨어지지 못하는 사람.

* 자존감을 높이는 행동(노력)

심리적인 이해와 통찰력 키우기.

긍정적인 자기암시.

자아와 긍정적인 관계 맺기.

다양한 경험의 기회 갖기.

건강한 생활패턴을 유지하기.

도전을 마음껏 즐기기.

배려하는 열린 소통.

구별

우리가 어떻게 진정한 행복과 자유와 평정에 이를 수 있을까요? 에픽테투스! 그는 고대 로마의 철학자이자 노예의 아들로 태어나 나중에는 아우렐리우스 황제의 스승까지 된 사람입니다. 그의 가르침은 2천 년 세월을 뛰어넘어 오늘날까지 우리들에게 삶의 지혜를 줍니다.

에픽테투스는 근본적인 제1원칙으로 "자신의 의지로 바꿀 수 있는 것과 바꿀 수 없는 것을 잘 구별하라."고 권고합니다. 의견, 소원, 욕망, 감정 등은 스스로의 노력에 따라 조절할 수 있지만 신체적 조건, 타고난 환경, 타인의 평가, 외적 상황 등은 우리 의도대로 좌우되는 게 아닙니다. 따라서 우리가 뜻대로 할 수 없는 일에 집착하거나 휘둘리면 그저 고통과 근심만 초래할 뿐이라는 것이죠. 그래서 자신이 주인이 되어 통제할 수 있는 일, 우리 의지로 노력할 수 있는 일에 최선을 다할 때 충만한 내면의 세계로 들어설 수 있는 것입니다.

또 한편으로 에픽테투스에 의하면 "인간은 어떤 사건으로 고통받기보다는 그 사건을 바라보는 관점으로 인해 고통받는다."고 역설합니다. 결국 우리 일상에서 일어나는 크고 작은 일들을 내 스스로 어떻게 해석하느냐에 따라 힘들 수도 있고 그렇지 않을 수도 있다는 이야기입니다. 불교에서 강조하는 일체유심조(一切唯心造), '세상사가 모두 마음먹기에 달려 있다.' 는 것과도 일맥상통합니다.

내 스스로 주변 일들에서 어두운 쪽보다 밝은 쪽을 먼저 보는 것이 지혜입니다. 행복해지는 최선의 방법은 불행한 생각을 중단하는 것입니다.

'비범한 사람들은 삶의 크고 작은 사건들에 대해
사고하는 범위가 다르다.'
- 하워드 가드너

현충일

애국선열과 국군장병들의 충절(忠節)을 추모하기 위해 국가가 정한 공휴일, 바로 오늘이 현충일입니다. 그분들의 고귀하고 숭고한 희생으로 오늘 우리들이 편히 살아가고 있습니다. 이번 현충일은 목요일이라 징검다리 휴일로 연휴가 되어 많은 사람들이 모처럼 여유 있는 시간을 가질 수 있게 되었습니다.

우리 각자의 삶은 갈수록 다른 사람들의 삶과 밀접하게 연관되고, 서로에게 영향을 주고받는 것 같습니다. 6.25 전쟁 후 60년 세월 동안 각 분야에서 숱한 애환을 뒤로 한 채 각자 맡은 바 일을 해온 수많은 사람들의 수고와 노력이 없었다면 오늘날 우리가 누리며 사는 편리함과 풍요로움은 없었을 것입니다.

시간이 흐르면서 많은 사건들은 애써 기억하지 않으면 잊어버리게 마련입니다. 일제치하와 6.25전쟁에서 나라를 지키기 위해 목숨 바친 분들, 연평해전이나 천안함 사건으로 순직한 장병들, 화마와 수마에서 인명을 구조하다 젊은 날에 유명을 달리한 숱한 소방대원들, 국내외 도로 항만 건축현장에서 이름 모르게 사고사로 숨진 분들, 나라의 새로운 성장동력을 만들기 위해 공휴일도 없이 실험실에서 고군분투하다 숨진 연구원들, 극한직업 현장에서 묵묵하게 일하다 사고당한 분들….

그분들의 가족은 큰 이별의 아픔을 평생 지니고 살아가야 합니다. 그리고 그분들의 넋은 사람들에게서 점점 잊혀 갑니다.

오늘은 각자의 자리에서 열심히 살다가 불의사고로 숨진 분들을 기억하며 감사한 마음과 명복을 빌어드리는 날입니다. 매일 감사한 마음을 지니고 살아갈 때 행복하지만, 오늘만은 그분들을 기억하며 '감사합니다'를 마음속 깊이 되뇌여야겠습니다. 그리고 잘 살겠다는 다짐의 징표로 연휴 동안 다른 사람들에게 더 친절하고 배려하는 태도와 행동으로 실천하면 좋겠습니다.

'당신 덕분에 이렇게 살 수 있어 감사합니다.'
'저도 제 자리에서 이웃에게 힘이 되도록 열심히 살겠습니다.'

미소와 웃음

밝은 표정, 미소와 웃음은 누군가와 우호적인 관계를 형성하는 중요한 수단입니다. 미소를 보이면 함께하는 사람들의 마음이 열리고, 기쁨도 배가 됩니다. 웃음은 면역체계도 강화시킨답니다.

미국 스텐포드대 윌리엄 프라이 박사는 사람이 한바탕 크게 웃을 때 몸 속의 650개 근육 중 231개 근육이 움직여 많은 에너지를 소모한다고 설명합니다. 크게 웃으면 상체는 물론 위장, 가슴, 근육, 심장까지 움직이게 만들어 상당한 운동효과가 있다는 분석입니다.

일상에서 즐거움을 더 많이 경험하기를 원한다면 우리의 표정부터 바꾸는 게 좋습니다. 웃다 보면 기분이 좋아지고 기분이 좋아지면 생각도 밝아집니다. 사고방식이 긍정적으로 바뀌면 웃음 역시 자연스럽게 나오게 마련이지요.

"행복도 하나의 선택이며, 그 가운데 가장 잘 알려지고
가장 오래된 방법은 미소를 짓는 것이다."
- 잭 캔필드

"그대의 마음을 웃음과 기쁨으로 감싸라.
그러면 천 가지 해로움을 막아주고, 생명을 연장시켜 줄 것이다."
- 윌리엄 세익스피어

웃으며 출근하고 웃으며 퇴근하면 그 안에 천국이 들어 있고, 집에 들어올 때 웃으면 가정에 '행복'의 꽃이 핍니다.

아침의 행복 편지 159

'바람 위에 쓴 글자'

"쉽게 화를 내고 화를 오랫동안 품고 있는 사람들이 있는데 바위에 새겨진 글자와 같다. 쉽게 화를 내지만 얼마 안 가 화를 풀어버리는 사람들은 모래 위에 쓴 글자와 같다.

물 위에 글을 쓴 것과 같은 사람들이 있는데 이들은 화를 결코 마음에 담아두지 않는다. 그러나 완전한 사람은 바람 위에 쓴 글자와 같아 욕설이나 험담을 못 들은 체 한다. 이들의 마음은 항상 청정하여 흔들리지 않는다."

- 담마 난다(스리랑카 승려)의 「현명한 사람은 마음을 다스린다」 중에서

우리는 주위 사정이 나에게 좋고 만족스럽게 돌아가면 친절하고 겸손하며 여유롭지만 사정이 변하여 뜻대로 되지 않으면 민감해져 화를 내게 됩니다. 화가 났을 때 나는 무엇 때문에, 누구와 싸웁니까? 그것은 자기자신과 싸우고 언제나 그렇듯이 결국 자기자신이 적이 됩니다. 분노하는 사람은 이성을 찾았을 때 그 분노를 다시 자기에게 돌리기 때문입니다.

일상에서 부딪히는 괴로운 상황에서 '바람 위에 쓴 글자' 와 같은 사람이 되려면 하루에도 수차례 기도하는 마음으로, 수련하는 마음으로 아래와 같은 내용을 되뇌여야겠습니다.

산을 오르는 사람에게는 짐이 무거울수록 고통스럽다.
먹고 입을 것 등 최소한의 것만으로도 충분하건만…

삶의 여정 동안 버리고 비워야 할 것은 욕망과 집착, 무지이다.

'나는 흔들리는 마음을 잠재울 수 있다.' '나는 냉정하고 평온할 수 있다.' '나는 괴로움으로부터 자유롭다.'

아침의 행복 편지 160 영성(靈性)

영성(靈性, Spirituality) : 때때로 "신의 눈(Eye of God)"이라고도 불린다.
영성은 종종 삶에서 영감을 주고 삶의 방향을
알려주는 원천인 것으로 경험되고 있다.

살면서 우연이라고 하기엔 뭔가 설명이 안 되는 일, 전혀 예기치 않았던 일의 반전, 예기치 못한 누군가의 도움으로 큰 힘이 되었던 일, 시간이 갈수록 함께하는 누군가(가족, 친구, 친지)가 특별한 의미로 느껴지는 일 등을 겪어보신 적이 있었습니까? 행복한 사람은 이런 경험을 예사롭게 보지 않고 자주 경험한다고 합니다. 이런 경험을 할 때마다 우리는 자연스럽게 자신보다 커다란 어떤 존재나 힘 - 하느님(신), 초자연적인 힘, 초월적 존재, 영성-을 느끼고 삶의 의미를 다시 생각하게 됩니다. 우리 존재가 겸허히 낮아진 느낌과 고귀해진 느낌을 동시에 경험하지요.

영성을 지닌 사람이 그렇지 않은 사람들보다 더 행복하고 정신 건강이 좋으며 스트레스 요인들에 잘 대응하고 더 만족스런 생활을 하고 신체적으로 더 건강하고 장수합니다. 아름답거나 평범한 일상의 대상들에서 성스러움을 발견할 수 있는 능력을 계발하는 노력이 필요합니다.

삶을 사는 데는 두 가지 방법이 있다.
하나는 기적이란 없는 듯이 사는 것.
또 하나는 모든 일이 기적인 듯이 사는 것이다.
- 알베르트 아인슈타인

자녀들을 축복이라고 여기고, 자신의 일을 소명으로 생각하고, 촉촉하게 내리는 비를 마음을 가다듬게 하는 은총으로 여기고, 사랑의 힘은 위대하며 영원하다고 믿고, 오늘 하루를 '네'라고 하느님께 온전히 맡기고 순종하는 일이 어떨는지요? 저녁노을과 밤하늘 쏟아지는 별들, 아이 웃음소리, 새소리를 들으며 경이로움과 기쁨을 느끼는 것! 행복의 묘약입니다.

아침의 행복 편지 161 **'죽음을 기억하라'**

우리가 자신의 삶을 되돌아보고 그 소중함을 깨달을 때는 아이러니하게도 건강을 잃거나 죽음에 임박했을 때인 것 같습니다. 정신없이 앞만 보고 살다가 덜컹 그런 일에 닥쳐 후회하는 분들을 주위에서 자주 봅니다. 무엇이든 경험하기 전에 뼈 속 깊이 느끼고 깨달을 수 있다면 얼마나 좋을까요?

최근 소설가 최인호 씨가 작고하셨습니다. 그분이 투병생활 동안 자신의 삶을 되돌아보며 고백한 내용은 우리로 하여금 많은 것을 생각하게 하는 듯합니다.

> "나는 암에게 고마움을 느낀다. 암은 지금껏 내가 알고 있는 모든 지식과 내가 보는 모든 사물과 내가 듣는 모든 소리와 내가 느끼는 모든 감각과 내가 지금까지 믿어왔던 하느님과 진리라고 믿어왔던 모든 학문이 실은 거짓이며, 겉으로 꾸미는 의상이며, 우상이며, 성 바오로의 말처럼 사라져가는 환상이며, 존재하지도 않는 헛꽃임을 깨우쳐주었다."(「낯익은 타인의 도시」 중에서)

우리에게 소중한 삶의 방향에 대해 사색할 수 있는 화두처럼 다가옵니다. 친밀한 사람들과의 관계에 대한 소중함, 자신이 이루고자 하는 진정한 성취의 의미, 이웃과 사회를 위해 가치 있는 기여와 공헌 여부, 궁극적인 삶의 목적과 의미 등에 대해서 말입니다.

요즈음 환절기라서 부고를 많이 접하는 것 같습니다. "죽음을 기억하라"라는 명구를 마음 속에 새기며 뜻 깊은 가을 사색을 하시면 어떨까요?

아침의 행복 편지 162

특별한 존재

사람들은 서로 가까운 사이가 되면 자신이 상대에게 특별한 타인이 되고 싶어 합니다. 사랑하는 사람들 사이는 물론이고, 가족관계 및 친구관계에서도 그리고 직장관계에서도 마찬가지입니다. 서로가 서로에게 다른 사람들과는 구별되는 좀 더 분명한 존재가 되는 것!

가까워지려면 반드시 서로의 마음을 터놓고, 이해해주고 이해받는 경험을 통해 뭔가가 '통한다'는 느낌이 들 때 가능합니다. 이때 상대가 내 마음을 잘 알아준다는 느낌, 즉 '마음 읽기'를 잘 해준다는 확신을 가지면 상대에 대한 신뢰가 두터워지고 가까워지게 마련입니다.

그런데 서로 안 지가 오래되었다고 가까워지는 것은 아닙니다. 이웃집 사람을 몇 년간 보았어도 서로에 대한 생각과 느낌이 제한적이듯이 직장에서도 얼굴만 알고 지내는 경우가 많습니다.

서로 많은 이야기를 나누고, 많이 쳐다보며, 질문을 많이 주고받으며 그때그때마다 지니고 있는 생각과 느낌을 교환할 때 가까워집니다. 서로 다른 시간과 장소에서 느끼는 경험들을 솔직하게 주고받으면서 상대에 대해서 더 많이 알아가는 것이지요.

그런데 상대에게 '특별한 존재' '좀 더 분명한 존재'가 되기 위해서는 첫째 상대방을 이해하기 위한, 즉 공감에 필요한 지식을 얻는 것에 일정 시간이 걸린다는 점. 둘째 공감에 필요한 지식이 친밀한 관계에서 표현되는 매우 사적인 것일 때 더욱 더 가까워집니다. 상대의 내면에서 겪는 솔직한 이야기를 알아갈 때 상대방의 마음을 더 잘 읽을 수 있지 않을까요?

친밀한 관계를 유지하려면 서로의 마음을 잘 읽어내려는 동기와 열정이 필요하며, 서로 다른 시간과 장소, 사람에 대해서 느끼고 경험한 것을 나눔으로써 공감대를 넓혀 나가고, 상대를 위한 사랑과 헌신이 필요합니다.

가깝게 지내는 사람에 대해서 당신은 얼마나 알고 계십니까? 진실로 '통한다' 는 느낌을 자주 경험하시나요? 혹시 상대방의 태도와 행동 탓으로 돌리고 상대를 이해하려는 동기와 열정이 식지는 않으셨습니까? 우선 상대에 대한 '사랑과 헌신' 만큼 상대의 마음을 움직이는 것이 또 있을까요?

새로운 한 주 가까운 사람들과의 관계를 점검하는 귀한 시간을 가지시면 어떨까요? 가까운 사람과의 관계가 어떠냐에 따라 행복과 불행이 달라지기 때문입니다.

아침의 행복 편지 163

교양과 도야

독일어를 잘하는 사람은 대화 상대가 누가 되든지 또 어떤 상황이 벌어져도 변함없이 독일어를 유창하게 말합니다. 반면에 독일어에 서툰 사람은 대화 상대가 누구든 어떤 상황에서든 더듬기 마련입니다.

독일어로 교양, 도야를 '빌둥(Bildung)'이라고 합니다. 교양과 도야는 쌓아가는 것이라는 의미를 갖고 있지요. 외국어도 선천적으로 타고나는 것이 아니라 부단한 노력과 학습을 통해 얻어지는 후천적 결과물인 것처럼 한 사람의 교양과 도야 역시 꾸준한 노력의 결과입니다.

교양은 품격 있는 삶을 위해 반드시 필요한 요소로, 누구나 매일매일 마음의 양식을 쌓아가야 합니다. 한 개인의 내면에 쌓인 마음의 양식들은 상대가 누구이든 어떤 상황이 벌어지든 안정된 품성, 상대에 대한 배려, 겸손, 우아함, 식견 등으로 표출되어 주위 사람들에게 긍정적 영향을 미칩니다.

한 사람의 교양을 엿볼 수 있는 것 중 하나가 말입니다.

말은 생각을 담는 그릇이다.
생각이 맑고 고요하면 말도 맑고 고요하게 나온다.
생각이 야비하거나 거칠면 말 또한 야비하고 거칠게 마련이다.
그러므로 그가 하는 말로써 그의 인품을 엿볼 수 있다.
그래서 말을 존재의 집이라 한다.
- 법정 스님

오늘도 마음에 맑고 고운 생각을 담아 대화 상대가 누구든 어떤 상황에서든 서로 긍정적 영향을 주고받았으면 좋겠습니다.

아침의 행복 편지 164

'짝'

'가장 훌륭한 사랑은 시간의 변덕을 견디는 사랑이다.'
- 소설가 로렌스 더럴

한 방송사의 방영물 중, 짝을 찾기 위해 모인 10여 명의 남녀가 애정촌으로 들어가 자신의 짝을 찾는 프로그램이 있습니다. 출연자는 방송에서 실명 대신 '남자 1호', '남자 2호', '여자 1호', '여자 2호' 등과 같은 호칭으로 부릅니다.

'짝'을 찾고자 하는 출연자들의 솔직한 감정이 그대로 드러나는 생생한 현장감도 있고, 시간이 흐름에 따라 바뀌는 오묘한(?) 사람의 심리변화를 볼 수 있어 흥미가 있어 보입니다. 다양한 출연자들의 모습을 통해 내 안에 있는 모습도 만나고 다른 사람을 이해하는 하나의 학습과정이 될 수도 있겠지요. 제가 보기에 숨겨진 프로그램의 의도에는 겉으로 보이는 것 못지않게 '진정한 사랑에 대한 가치'가 무엇인가 의문을 던지고 있는지도 모릅니다.

요즈음 젊은이들은 연애를 통해 결혼하는 것이 일반적입니다. 그에 비하면 기성세대들은 중매결혼이 훨씬 더 많았겠지요. 그런데 흥미로운 것은 동서양이 마찬가지로 중매결혼이 연애결혼보다 훨씬 더 결혼생활 지속 기간이 길다는 것입니다. 요즈음 이혼 증가율이 가파르게 늘어나는 이유가 여러 가지 있겠으나 혹시 '진정한 사랑'에 대한 오해나 결핍은 아닐까요?

욕망과 환상으로 첫눈에 반해 결혼하는 것보다 중요한 것은 노부부나 할머니-손자손녀의 사랑처럼 시간을 견디며 깊어지는 사랑 말입니다.

> "사랑은 오래 참습니다. 사랑은 친절합니다. 사랑은 시기하지 않습니다. 사랑은 자랑하지 않습니다. 사랑은 교만하지 않습니다. 사랑은 무례하지 않습니다. 사랑은 사욕을 품지 않습니다. 사랑은 성을 내지 않습니다. 사랑은 앙심을 품지 않습니다. 사랑은 불의를 보고 기뻐하지 아니하고 진리를 보고 기뻐합니다. 사랑은 모든 것을 덮어주고 모든 것을 믿고 모든 것을 바라고 모든 것을 견디어냅니다." (고린토 전서 13장 4절-7절)

오늘도 사랑하는 법을 배워가는 하루가 되었으면 좋겠습니다.

아침의 행복 편지 165 행복한 가정과 일터

어제 아침 기차를 타러 이른 새벽녘에 서울 집을 나섰습니다. 저는 그 이른 시간부터 그렇게 많은 사람들과 차들이 분주히 움직일 줄은 몰랐습니다. 서울과 대전의 차이라는 생각도 들었고, 보이지 않게 부지런히 일하는 사람들이 있어서 마음 한구석에 고마운 생각도 들었습니다.

문득 그 많은 사람들이 무엇을 위해 부족한 잠을 마다않고 매서운 칼바람 아침을 맞이할까 하는 의문이 들었습니다. 과연 그들이 꿈꾸는 가정과 일터는 어떤 곳일까? 만약 그들이 몸담은 가정과 일터에 항상 머무르고 싶고, '함께' 라는 마음이 저절로 생기고, 그곳에 소속된 일원이라는 자부심을 느낄 수 있다면, 어떤 추위와 어려움도 극복할 수 있는 힘이 있는 참 행복한 사람들이겠지요?

그런 가정과 일터라면 그곳에는 자연히 '나' 라는 존재감과 '우리' 라는 존재감이 공존하겠지요. 우리가 함께하는 이들을(가족이든 직장 동료와 상사) 좋아하는 것은 더 많은 관심과 온정을 주고받으며, 가깝게 느낄 만큼 서로의 생각과 느낌을 공유할 때 가능하지 않을까요?

반대로 일처리하면서 무관심하고 냉혈한처럼 한다면 결국 남남이라는 생각이 들게 되고, 마음이 점점 멀어져, 마지못해 하루하루 사는 기분이겠지요.

행복한 가정과 일터라면 각자 개인적인 욕구에 대한 집착을 멈추고 '우리' 라는 존재감을 더 느끼도록 상대방의 고통에 대해 염려하고, 그 고통을 덜어주기 위해 헌신하는 모습이 깃들어 있어야 하지 않을까 생각해봅니다. 진정한 리더라면 더더욱 그런 면에서 본보기를 보여줘야 할 것 같구요.

우리 마음속에 키우고 가꾸어야 할 것은 바로 연민입니다. '나는 당신을 이해합니다.' '나는 당신과 공감합니다.' '나는 당신을 돕고 싶습니다.' 상대방에 대해 더 관심을 갖고 이해하려고 하며, 상대방의 마음에 귀 기울여 공감하려고 노력하고, 상대방을 위해 헌신하는 노력 말입니다.

응원의 편지

어제는 가까운 지인이 너무 힘들어하는 모습을 보아 마음이 아팠습니다. 인생이라는 것이 내 자신의 의도나 노력과는 별개로 전개되는 일들이 너무 많은 것도 사실입니다.

***

상황이 나아질 것이라는 믿음과 희망을 의지적으로 키워가며 지내왔으나 나아지기는커녕 나락으로 더 떨어져 간다는 느낌이 점점 더 커져가는 처지라면.

고통이 느껴질 때면 '이 또한 지나가리라는' 다짐을 스스로 하면서 견뎌왔지만 시련이라는 터널 끝이 보이지 않는다면.

나 하나 추스르기도 어렵건만 주변에서 일어나는 모든 일들을 나 혼자 하나하나 챙겨야 하는 처지라면.

유아 때부터 간직한 '신앙의 빛' 마저 바래지고, 신이 원망스럽게 느껴지는 처지라면.

***

당신에게 어떤 위로의 말이 도움이 되겠습니까? 당신에게 우울감이 들 때, 혹 도움이 될까 부탁하고 싶은 몇 가지 사항이 있습니다.

우선, 당신에게 떠오르는 부정적인 생각을 그대로 받아들이지 않았으면 좋겠습니다.

예를 들어 지금까지 모든 일이 잘 안 되어 왔고, 앞으로도 잘 안 될 것 같은 생각 말입니다. 다른 사람들이 나를 우습게 본다거나 지나치게 관심을 가져보인다든지 나를 안 좋게 생각한다는 생각두요. 이런 생각들은 모든 것을 포기하고 싶은 생각을 만들기 때문입니다. 이러한 상황은 실제 상황과 다른 경우가 많습니다.

당신의 기분을 좋게 하는 활동을 찾아 행해보십시오. 가벼운 운동, 좋아하던 영화나 전시회 감상, 수다도 좋고 여럿이 하는 취미활동도 좋습니다. 단, 억지로 하진 말고 스스로 마음 내킬 때 시작하십시오.

'과거를 복기하는 것' 은 금기사항입니다. 지금 과거를 생각하면 자꾸 아쉬움을 넘어 후회하게 되고 나중에는 다른 사람을 원망하고 탓하다가 더 분노하게 되며, 그러다 결국은 나 자신을 비난하고 미워하게 되는 악순환의 고리를 만든답니다.

중요한 결정은 당분간 뒤로 미루시는 것이 좋습니다. 지금은 옛날만큼 총명하게, 지혜롭게, 객관적으로 보기 어려울 수 있습니다. 중요한 사항을 결정해야 한다면 당신을 잘 아는 지인에게 상의하길 권합니다. 조급하면 실수하게 되고 후회합니다.

회복의 시간이 되길 마음으로 응원하겠습니다.

아침의 행복 편지 167 교통체증에서의 선택

매일 운전하면서 출퇴근 때는 물론이고 자주 교통체증을 경험합니다. 마음은 바쁜데 저 앞까지 빽빽한 차들이 서다 가다를 반복하는 상황에서 사람들의 모습을 둘러보십시오.

얼굴을 잔뜩 찌뿌리고 핸들을 단단히 움켜쥔 채 앞차들을 향해 고함을 치는 사람이 있는가 하면, 라디오나 CD에서 흘러나오는 음악 리듬에 맞춰 노래를 따라 부르거나 상반신을 가볍게 흔드는 사람들도 있습니다. 저는 개인적으로 가까운 사이면서도 연락이 뜸했던 사람들을 떠올려 좋았던 추억도 회상해보고 그 사람들을 위해 짧은 기도를 하는 습관을 갖고 있습니다.

같은 상황인데도 반응은 사람마다 각각입니다. 이유 없이 행복한 사람들은 사건이나 상황을 변화시킬 수 없을 때 '평화'와 '번영'을 만드는 방향으로 반응을 선택합니다. 우리는 그런 선택을 의도적으로 함으로써 조금씩 '긍정적'이고 '주도적'인 힘을 갖게 됩니다.

오늘, 그대께서 교통체증을 만나면 '평화'와 '번영'을 키우는 나만의 긍정적 반응을 생각해보시는 계기로 만드시면 어떨까요? 아마 날씨는 쌀쌀해도 마음만은 더 행복하실 것 같습니다.

아침의 행복 편지 168 반복 재생해야 할 일

재생과 분석! 음미와 이해!

과거를 어떻게 기억하고 생각하느냐는 행복에 큰 영향을 미칩니다. 우리들 과거의 기억 속에는 행복했던 순간도 고통스런 사건도 담겨져 있습니다. 행복해지려면 과거의 기억을 어떻게 해야 할까요?

가장 바람직한 방법은 긍정적 사건을 떠올려 머릿속에서 비디오를 반복 재생하듯이 재생하는 것입니다. 좋았던 옛날은 왜 그랬는지 분석하지 말고 그저 반복 재생하는 것이 좋습니다. 그때 그 순간을 음미하며 거기서 최대한의 기쁨과 즐거움을 다시 느껴보는 것이지요.

불행을 자초하는 사람들은 위와는 거꾸로 부정적 사건을 반복 재생하는 경향이 있습니다. 행복하려면 가장 불행했던 순간, 부정적 사건을 생각할 때는 반복 재생이 아니라 체계적으로 분석해야 합니다. 어떻게 그런 일이 벌어졌는지? 그런 일이 다시 반복되지 않으려면 어떻게 해야 하는지 등을 떠올려 볼 필요가 있지요. 그리고 이미 지나간 일이니 연연하지 않는 마무리까지.

가장 고통스러웠던 기억을 이해하려 애쓰고, 적극적으로 받아들이며, 거기서 의미를 발견하고, 극복하려 할 때 비로소 행복할 수 있습니다. 행복한 순간은 최대한 재생하고 음미하며, 불행한 순간은 분석하고 이해하려 애쓰는 습관을 가집시다.

아침의 행복 편지 169 행복의 씨앗 – 습관

뛰어난 스포츠 스타 선수들에게 발견되는 공통점이 하나 있습니다. 모두들 잠든 밤 혼자 컴컴한 운동장에서 흘린 땀을 셀 수 없다는 것이지요. 우리와 그들의 차이는 알면서도 행하는가 행하지 않는가에 있습니다. 그들의 영광 뒤에는 언제나 끈기 있는 연습이 숨어 있습니다.

모든 능력은 연습으로 얻어지며, 그 능력을 얻기까지는 일정한 시간이 필요합니다. 원하는 능력을 가질 때까지 끊임없이 규칙적으로 반복하는 것이 관건입니다. 일상 속 매순간이 행복의 씨앗입니다. 오늘 당신이 행하는 '삶의 습관' 이 행복을 가져다 줄 것입니다.

행복하고 싶으시면 우선 행복 헌장 10계명 중 가장 필요한 것부터 연습해보시지요. 영국 BBC TV 다큐멘터리 '슬라우 행복하게 만들기 Making Slough Happy' 실험으로 제시되었던 10가지 행복 처방입니다.

〔행복 헌장 10계명〕

1. 운동을 하라.
   일주일에 3회, 30분이면 충분하다.
2. 늘 좋았던 일을 떠올려라.
   하루를 마무리할 때마다 당신이 감사해야 할 일 다섯 가지를 생각하라.
3. 대화를 나눠라.

매주 한 시간 정도 배우자나 가장 친한 친구들과 대화를 나눠라.

4. 식물을 가꿔라.

아주 작은 화분도 좋다. 죽이지만 말라.

5. 텔레비전 시청 시간을 반으로 줄여라.

6. 미소를 지어라.

적어도 하루에 한번은 낯선 사람에게 미소를 짓거나 인사를 하라.

7. 친구에게 전화하라.

오랫동안 소원했던 친구나 지인들에게 연락해서 만날 약속을 하라.

8. 하루에 한번 유쾌하게 웃어라.

9. 매일 자신에게 작은 선물을 하라.

그리고 그 선물을 즐기는 시간을 가져라.

10. 매일 누군가에게 친절을 베풀어라

* 출처 : 〈영국 BBC 다큐멘터리 행복〉, 예담, 21쪽.

삶의 마지막 날처럼

스티브 잡스는 17세 때 "만일 당신이 매일을 삶의 마지막 날처럼 산다면 어느 날 위인이 되어 있을 것이다."라는 구절을 접한 뒤 30년 동안 매일 생각했다고 합니다. 그는 미혼모의 아들로 태어나 버려져 가난한 노동자 부부에게 입양되어 경제적으로 어려운 성장과정을 보냈습니다. 경제적 압박으로 대학교도 중퇴했고, 독선적인 성격 때문에 애플사를 설립하고도 쫓겨나는 아픔을 겪는 등 파란만장한 삶을 살았습니다.

그런데 스티브 잡스가 남달랐던 건 아침마다 거울을 보면서 질문 하나를 스스로에게 던졌던 사실입니다.

"만약 오늘이 마지막 날이라면 오늘 하려는 그 일을 하겠는가?"

만일 당신이 '아니요'라고 대답했다면 시간을 잘못 사용하고 있다는 것입니다. 무엇인가를 바꿀 필요가 있습니다. 사람이면 매일 누구나 24시간이 주어집니다. 행복한 사람, 성공한 사람들과 일반 사람의 차이는 시간의 양이 아니라 시간을 관리하는 방법입니다.

오늘이 인생의 마지막 날이라고 생각하면서 오늘 하루의 일을 시작하시면 어떨는지요?

아침의 행복 편지 171 3톤의 범고래 쇼

미국의 한 기업체 중역인 웨스 킹슬리는 회사와 가정에서의 인간관계로 고민이 많았습니다. 그는 출장을 갔다가 우연히 범고래 쇼를 구경합니다. 쇼를 보다가 문득 무게 3t이 넘는 범고래가 어떻게 몸을 솟구쳐 기막힌 공중곡예를 펼칠 수 있는지 궁금해졌습니다. 조련사에게 묻자 "범고래와의 관계는 인간관계와 다르지 않다. 멋진 공중곡예의 비결은 고래에 대한 긍정적인 관심과 칭찬"이라고 대답했습니다. 범고래가 쇼를 멋지게 해냈을 때는 즉시 칭찬하고, 실수했을 때는 질책하지 않고 관심을 다른 방향으로 돌리게 하며, 중간에 계속 격려하는 게 핵심이라는 것입니다. 출장에서 돌아와 이를 실생활에 활용한 킹슬리는 사랑받는 가장이 되고, 직장에선 존경받는 상사가 됐다는 일화가 바로 『칭찬은 고래도 춤추게 한다』에 주인공으로 소개됩니다.

칭찬과 격려의 실천을 통해 직장과 가정에 놀라운 변화가 일어날 수 있다는 실증적인 예입니다. 『톰소여의 모험』을 지은 마크 트웨인이라는 미국 소설가는 진실한 칭찬 한마디만 들으면 두 달 동안 버틸 수 있다는 우스갯소리를 한 적이 있습니다. 우리가 가장 가까운 사람들에게 수시로 보내는 칭찬과 격려가 쌓이면 선의가 생산되고 시련을 극복하는 힘이 됩니다.

새 한 주 가까운 사람들에게 진심에서 우러나오는 칭찬을 보내시면 어떨는지요? 칭찬과 격려는 추운 날 마음을 훈훈하게 해주는 난로가 될 것입니다.

'어떤 존재가 되느냐'

"중요한 것은 네가 무슨 일을 하느냐가 아니라
삶의 여정을 거치면서 어떤 존재가 되느냐는 것이다."
- 카트린 애담스 사피로

잔잔한 바다가 거대한 파도의 힘을 품고 있듯이 우리 자신의 마음도 엄청난 힘을 품고 있습니다. 이 힘은 어떤 형태로든 우리 일상에서 나타날 것입니다. 이 힘은 평소 내가 지닌 생각과 의도, 관심에서 생기며, 모든 것은 내 자신의 선택에 달려 있습니다.

생각은 바로 말과 행동을 따르게 만듭니다. 우리가 관심을 주는 것은 무엇이든지 우리의 삶을 풍요롭고 강하게 만듭니다. 우리가 관심을 거두는 것은 무엇이든지 보잘 것 없고 약하게 만듭니다. 의도는 세상을 변하게 만드는 힘이 있으며 인류를 유익하게 만드는 쪽으로 사용해야 합니다.

나의 생각과 관심, 의도를 담고 있는 내 마음은 상상할 수 없는 만큼 영향력도 크고 아주 먼 거리를 여행합니다. 세상이 크게 달라질 수 있는 계기는 마음의 힘 속에 있습니다. 오늘도 내일도 내 안에 품고 있는 마음을 살펴보고 보살피는 지혜가 필요합니다.

아침의 행복 편지 173 감정 교류

"부부생활에서 발생하는 분노의 절반은 자신의 어머니나
아버지를 향한 것이다. 그런데 그 분노를 배우자에게
투영하고 있는 것이다. 아내에게 소리를 지른다면
지난날 입은 심리적 상처 때문에 어머니에게 소리를 지르는 것이다."
- BBC 행복위원회 브렛 캇

자신이 자라온 가정에서 가족 간에 어떤 감정을 어떻게 대했는지가 어른으로 성장한 후 개인의 행동에 큰 영향을 미친다는 사실입니다. 내가 자랐던 가정(과거)과 지금의 내 가정(현재)에 대해서 자세히 들여다 볼 필요가 있습니다.

* 당신의 가족은 자신의 감정을 이해하고 상대방에게 표현하는 것이 중요하다고 생각했습니까? 아니면 마음속에 담아두는 것이 더 낫다고 생각했습니까?

* 분노나 기쁨, 울적한 기분을 드러내는 데 아무런 거리낌이 없었습니까?

행복한 가족들은 하루에도 수백 번씩 감정적인 정보들을 교환한다고 합니다. 가족 서로간 감정에 대한 관심과 대화는 행복의 첫걸음입니다. 오늘은 특별히 가족 서로간의 감정에 적절한 관심을 기울여 보는 날로 만들어 보심이 어떨는지요?

추억 만들기

요즈음 일교차는 크지만 등산이나 산책하기에 매우 좋은 날씨지요? 주말 잘 보내시고요? 저는 일요일에 '영등포 수변둘레길'을 걸었습니다. 제가 외출해서 만나는 사람들 중에 가장 관심이 가는 사람들은 어린아이를 동반한 가족입니다. 왜냐하면 저의 좋았던 옛 시절을 회상할 기회가 되기 때문입니다. 딸아이가 어릴 때 함께 다녔던 놀이공원 시절이 자연스레 떠올려지지요. 이제는 세월이 흘러 다 커버린 딸아이! 그때 그 시절이 그립습니다. 그래서 조만간 딸아이와 옛날 함께 했던 추억의 놀이동산에 가자고 다짐한 적이 있었습니다.

저는 평소 교육이란 '추억 만들기'라고 생각하고 있습니다. 가령 자녀가 어린 시절 일상생활 속에서 부모와 함께 지내며 만든 좋은 추억을 많이 기억하고 있으면 훗날 힘들고 어려울 때 그 기억만으로 큰 위로와 용기를 얻을 수 있기 때문이지요. 한동안 방영되었던 'TV는 사랑을 싣고'라는 프로그램에 단골로 초대되는 분들이 선생님들인 경우도 매한가지지요. 출연자들이 간직한 선생님에 대한 추억이 평생 얼마나 큰 영향을 주었는지 새삼 느끼게 하는 프로그램이었지요. '좋은 추억 만들기!'

어제 한강 주변 길을 걸으며 대비되는 두 아빠를 목격했습니다. 똑같이 초등학교 저학년 딸아이와 자전거를 타던 아빠들이었지요. 한 사례는 아빠가 딸아이보다 몇 미터 조금 앞서 달리던 차에 딸아이가 큰 소리로 아빠를 수차례 부르며 불편함을 호소하는 장면이었습니다. 사연

인즉 딸아이 바지 깃 단이 길어 자전거 페달을 밟으면 끝단이 밟혀 걸리적거렸나봅니다. 아빠가 한참 지나 딸아이에게로 되돌아오며 하는 말! 잘 달려 나가는 자신을 방해라도 한 듯 얼굴을 찌푸리며 '뭐가 걸린다고 야단이야 참.…'. 딸아이는 큰 잘못이라도 한 양 위축된 모습으로 아빠에게 사정이야기를 합니다.

또 한 사례는 강변길이 삼단으로 되어 있어 땡볕 길을 달리다가도 가로수 덕분에 그늘진 길로도 갈 수 있는 곳에서 였습니다. 아마도 부녀가 다른 윗길로 올라가자는 동의가 있었나 봅니다. 아빠는 가파른 계단을 딸아이의 자전거를 끌고 올라가는 게 힘들어보였지만 '조금만 기다려. 아빠가 올려줄게.' 하며 힘들여 이동 중이었습니다. 딸아이는 아빠의 자전거를 지키며 밑에서 아빠가 오르는 모습을 바라보며 흐뭇한 미소를 지어보입니다.

속으로 그런 생각을 했습니다. 첫 번째 사례의 경우 딸아이가 사춘기를 맞이했을 때 과연 부녀는 계속해서 추억을 함께 만들어갈 수 있을까? 두 번째 사례에서는 분명 딸아이가 아빠의 도움을 보며 아빠에 대한 신뢰감이 만들어졌을 것이고 더불어 가족끼리 힘이 된다는 경험을 했겠지요. 반면에 두 번째 사례에서는 딸아이의 입장에서 보면 아빠로부터 핀잔과 귀찮은 듯한 메시지를 받은 터라 점점 아빠와 추억 만들기 어렵지 않을까 싶지요? 두 사례 다 좋은 날씨 모처럼 부녀가 사이좋게 나들이한 점은 좋았지만 훗날 딸아이에게 기억될 '추억' 은 분명 달랐을 것입니다. 순간 포착한 장면이긴 하지만 마치 지질학자가 토양 채취로 대지의 역사를 층을 이룬 토양을 보고 판단하듯 일상에서 주고받는 대화의 한 단면을 통해 부모-자녀 간의 관계를 가늠해 볼 수 있지 않을까 싶어요.

맑고 상큼한 날씨! 가족 간에 더 끈끈하고 정감 있는 추억 만들기에 나서면 어떨까요? 행복한 한 주 만드시길 빕니다.

아침의 행복 편지 175

약점보다 강점에 주목을

"삶의 진정한 비극은 우리가 충분한 강점을 갖지 못한 데에 있는 것이 아니라 이미 가진 강점을 충분히 활용하지 못하는 데에 있다."
- 벤저민 프랭클린(Benjamin Franklin)

사람들은 자신이 잘할 수 있고 좋아하는 일을 할 때 행복합니다. 독수리는 하늘을 날 때, 치타는 들판을 달릴 때 행복하고, 원숭이는 나무를 오를 때 행복하듯이, 우리 나름의 강점과 재능을 발휘할 때 행복감을 느낄 뿐만 아니라 탁월한 성과를 거둘 수 있습니다.

한 심리학 연구에서 대학생들에게 자신의 강점과 약점을 가능한 많이 열거해보라는 과제를 제시했습니다. 그 결과, 자신의 약점에 대해서는 평균 11개를 제시했으나 강점은 5개만 언급했습니다. 사람들은 보편적으로 강점보다 약점에 민감합니다. 어휘사전에도 인간의 긍정적 특성보다 부정적 특성을 기술하는 단어가 훨씬 더 많습니다. 그래서 우리는 자신의 약점에 대해서 잘 알고 있지만 강점에 대해서는 상대적으로 무지합니다.

자신의 강점보다 약점에 주목하는 사람은 자신감을 느끼기 어렵고 행복하기 어렵습니다. 자신의 강점이라고 생각되는 2~3개를 떠올려 본 후, 이들 중 하나를 택하여 일주일 동안 매일 다양한 방식으로 활용해보시면 어떨는지요?

아침의 행복 편지 176 성장의 걸림돌

몸에 밴 어린 시절의 습관은 참으로 놀라운 힘을 지니고 있음을 자주 느끼곤 합니다. 그것도 좋은 습관보다는 나쁜 습관이 큰 위력을 발휘하곤 하지요. 제가 참 다행스럽게 생각하는 것은 학생들을 위한 강의 준비로 교육학이나 심리학을 공부할 수 있어서 저 자신을 되돌아보고 다시 추스를 수 있다는 점입니다.

사람이면 누구나 몸에 밴 나쁜 습관들이 있어 알면서도 잘 통제가 안 되어 힘들어하는 경우가 많습니다. 그 습관들은 일상에서 자연스럽게 태도와 행동으로 나타납니다. 가끔은 의식적으로 나의 말과 행동을 제3자의 입장에서 살펴볼 필요가 있습니다. 마치 다른 사람이 건네는 말이나 행동들을 보면 상대방의 생각이나 마음가짐을 알아차릴 수 있듯이 내 말과 행동에도 습관적인 내 생각과 마음가짐이 깃들여 있기 때문입니다.

나를 성장시키는 데 걸림돌로 작용할 뿐만 아니라 삶에 대한 의욕을 상실하게 만드는 대표적인 나쁜 습관 몇 가지를 예로 들어 볼까요?

* 부정/거부하기: 자신의 처지나 상황을 받아들이지 않고 거부하면 할수록 그것을 변화시키기 어렵고 고통스러워짐. 반대로 수용하는 용기가 필요.

* 사실에 기초하지 않고, 확인되거나 증명되지 않은 가정에 의존해

내 멋대로 상상의 시나리오 쓰기: 상대방의 언행이나 벌어진 일에 대한 구체적인 상황과 이유에 대한 사실 이해 없이 주관적인 속단으로 단정하는 실수로 불편을 자초. 열린 마음과 관용(그러움)과는 정반대로 가게 됨.

* 어떤 행동이든 자신의 의식적인 선택임을 자각하지 못함: 내가 하는 모든 생각과 말, 태도와 행동은 모두 내 자신이 선택한 결과. 이는 누구의 책임도 아니며, 주변을 탓한다 해도 변명과 구실일 뿐. 나에게서 일어나는 모든 행동의 책임은 오직 나 자신이며, 그 책임 또한 나 자신에게 있음. 내 허락 없이 나를 우울하게도 불행하게도 만들지 못함.

오늘도 삶의 주인공으로 '깨어 있는' 선택으로 마음 관리하심이 어떨는지요?

아침의 행복 편지 177

선의 회복

최근 몇 개월 아니 몇 수년간 우리 사회에 알려지고 있는 사건 사고 및 범죄를 보면 마구잡이 개발로 인해 곳곳이 더 이상 자연환경 복원이 힘들어진 것을 연상케 됩니다.

50~60년 전보다는 외형적으로야 훨씬 더 잘 먹고 잘 사는 듯 보이지만 사람들의 심성은 점점 악의에 차고, 개인의 불평불만을 불특정 다수에게 별 생각 없이 가해 형식으로 말과 행동으로 하고 있습니다. 지역 간 계층 간 갈등은 말할 것도 없고, 보수-진보 이념이라는 틀 속에서 논리 싸움으로 상대에 대한 온정과 포용은 온데간데 없어지고 있습니다. 그저 혼란스럽고 연민의 마음은 커져도 한 개인의 힘으로 어찌 하기에는 너무도 미약하여 무력감마저 듭니다.

오늘 아침 뉴스를 보니 어제는 치정과 재산 문제로 세종시에서 총기난사 사건이 있었고, 개인 이득에만 혈안이 된 마약판매업자가 신종마약 원료를 일본에서 수입하여 제조해 SNS로 판매하여 중학생들마저 마약에 중독되어 검거되는 일이 벌어졌습니다. 최근 접한 사건사고들에는 방화, 자살, 폭행, 절도, 보험사기, 가족살해, 학교폭력 등이 수시로 등장합니다. 그런 사고들을 접하며 저 스스로 무뎌지고, 일상화된 남의 이야기처럼 흘러 넘기고 있는 것은 아닌지 자문해 봅니다.

격변의 시대에 우리 모두는 정신적으로 정서적으로 너무 큰 고통 속에 살고 있습니다. 다들 그럴 듯하게 살고 있는 것처럼 보이지만 속으로 말 못할 고민과 불안으로 제대로 잠 못 이루고 힘들어하는 사람들이 주위에 얼마나 많습니까? 삶의 균형을 잃고 스스로 단절되고 고립되어 있다는 느낌으로 외로워하는 사람들이 얼마나 많습니까?

한 사람 한 사람이 마치 어린아이들을 대하는 부모처럼 이웃에 대해 따뜻한 마음과 선의를 회복해야 하지 않을까요? 많이 배우고 경험해서 누군가를 심판하기보다는 소통하고 주장하되, 따뜻한 마음으로 용서할 때는 용서하면 안 될까요? 사람은 누구나 안전하고 보호받고 사랑받고 평화롭기를, 편안하기를 바라지요. 하지만 우리는 이 모든 것이 위협받고 상처받기 일쑤인 데서 살고 있습니다.

오늘 보고 만나는 사람들에게 따뜻한 마음으로, 포용하는 말과 태도로 친절하겠다는 다짐을 하며 하루를 시작하시면 어떨까요? 작은 시내가 흘러 강물이 되고 바다를 만들겠지요. 오늘도 행복을 발견하고 만들어가시길 빕니다.

아침의 행복 편지 178 **성장본능**

오늘은 특별히 주위 가까운 분들 중에서 큰 고난과 시련, 역경을 겪고 있는 분들이나 이미 그 고비를 넘어선 분들을 찾아 기억하고 안부나 위로를 전하는 날로 맞이하면 어떨까요? 아마도 그 분들이 겪고 있거나 겪었던 경험담을 들으면 많은 생각을 할 수 있는 계기가 되지 않을까요?

우리 삶에서 누구도 불행이나 시련을 피할 수 있는 사람은 없을 것입니다. 하지만 그 고난과 역경에 굴복하지 않고 이겨낼 수 있는 힘은 바로 우리 모두에게 내재되어 있는 힘과 에너지, 바로 성장본능이 있기 때문입니다. 과거와 현재의 자신보다 더 나아지고자 하는 본능이라는 것이지요.

모든 생명체에는 생존 이상의 본능인 '성장본능(Growth instinct)'이 있다고 합니다. 극한 환경에서도 가지를 뻗고 뿌리를 내리는 나무들을 보고, 수천 킬로미터를 나는 새들을 보면 생존 이상인 그 무엇인가를 느끼게 됩니다. 하물며 사람이야 더 말할 나위가 없지 않겠습니까? 우리 자신도 마치 빛을 향해 식물이 뻗어가듯 죽을 때까지 성장을 향해 뻗어가는 존재들입니다.

시련과 고난 앞에서 꺾이지 않고 삶을 더욱 발전시켜나가는 사람들을 '성장형 인간'이라고 부릅니다. 그들에게서 발견되는 공통적인 특징들이 있습니다.

'사람들은 맹인으로 태어난 것보다
더 불행한 것이 뭐냐고 나에게 묻는다.
그럴 때마다 나는
"시력은 있되 비전이 없는 것" 이라고 답한다.'
— 헬렌 켈러

1. 이들의 삶에는 다른 사람들의 평가나 다른 이들과의 경쟁은 중요하지 않습니다. 오직 자신이 가지고 있는 생각, 동기, 욕구에 주목하는 사람들입니다. 성장형 인간의 비교 대상은 남이 아니라 '어제의 나' 입니다. 이들은 의식의 초점이 타인이 아닌 자신에게 향해 있기 때문에 삶의 목표도 평가나 순위가 아닌 학습에 있습니다.

2. 이들은 삶이 뜻대로 이루어지기를 희망하지만, 반드시 그렇게 되어야 한다고 규정짓지 않습니다. 삶이 뜻대로 되지 않더라도 바로 포기하거나 남을 원망하고만 있지 않습니다. 그들은 실패를 숙달이나 성공을 위해 당연히 거쳐야 할 통과의례라고 생각하며, 모든 경험에서 배우려는 열린 마음을 가진 사람들입니다. 행여나 삶이 뜻대로 되지 않더라도 그 의미를 이해하고 수용할 줄 아는 사람들입니다.

3. 이들은 문제에 부딪히더라도 마음의 중심을 문제 자체가 아닌 문제의 해결에 두는 특징을 지니고 있습니다. '나는 왜 이럴까?' 가 아닌 '내가 진정 원하는 것이 무엇일까?' 를 고민합니다. '내가 원하는 것을 위해 지금 할 수 있는 것은 무엇일까?' 를 생각하지요. 그러므로 이들은 불평보다는 대안을 찾아 점진적인 실천을 합니다.

우리는 불행이나 시련을 스스로 선택할 수 없습니다. 그러나 불행이나 시련을 대하는 태도는 얼마든지 선택할 수 있지요. 그러므로 삶의 가장 큰 자산은 능력이 아니라 오히려 태도가 아닐까요? 어떤 태도를 지니느냐에 따라 불행 앞에 좌절을 겪을 수도, 불행을 통해 한 단계 성장할 수도 있습니다.

우리들 내면의 성장판은 여전히 멈추어 있지 않습니다. 시련과 역경을 이겨낸 지인을 기억하며 행복 가득한 한 달! 만들어 가시길 빕니다.

아침의 행복 편지 179 '기쁨과 낙관주의'

영국에서 유방암에 걸린 60명을 대상으로 5년 동안 추적 연구한 결과, 재발하지 않은 여성들에게는 공통적인 무엇인가 있었습니다. 또 다른 한 연구에서는 유방암이 재발해 국립암연구소를 찾은 34명에 대해 심층적인 면접을 통해 누가 가장 오래 살았는가 조사를 한 바 있습니다. 가장 오래 생존한 여성들에게도 역시 공통적인 특징이 있는 것으로 나타났습니다.

두 연구에서 일관되게 나타난 공통적인 특징은 '기쁨과 낙관주의' 였습니다. 삶에서 기쁨을 자주 느끼고 낙관적인 사고와 언어습관은 면역력을 증강시키는 데 매우 중요한 요인임을 입증한 사례라 할 수 있습니다.

매 순간 우리 머릿속에 더 유쾌한 생각을 떠올리는 습관을 가지려는 믿음과 노력이 우리 일상을 달리 만들 수 있습니다. 주말 기쁨 가득한 시간들을 보내시길 빕니다.

'무척'의 힘

우리는 일상에서 밝고 명랑한 사람을 보면 덩달아 기분이 좋아집니다. 나 스스로도 조금만 신경을 쓰면 더 밝아질 수 있는 법이 있습니다. 살면서 대수롭지 않은 것들, 아주 사소한 것들에 내 진실한 마음을 담으면 놀라운 변화가 일어나고 순간순간이 밝아집니다.

캘리포니아주립대학교 심리학 교수 래리 로즌 박사는 '무척'이라는 단어에 얼마나 큰 힘이 있는지 주목합니다. 그 작은 단어 하나에 우리 마음을 실으면 가까운 가족관계나 이웃의 인간관계에 큰 변화를 일으킬 수 있다는 것이지요.

"만나서 반가워요." 대신 "만나서 무척 반가워요."

"애써주셔서 고맙습니다." 대신 "애써주셔서 무척 고맙습니다."

'어른들 틈에 진드근히 앉아 기다리는 아이가 무척 대견해 보였다.'

'둘이서 서로 챙겨주며 오순도순 지내는 모습이 무척 인상적이었어.'

'무척'이라는 말! 별로 힘들이지 않고 할 수 있는 말입니다. 하지만 진정한 마음을 보태 말한다면 별 뜻 없는 말로 비치기 쉬운 말도 보다 힘 있고 의미심장한 말로 바뀌집니다.

마트에서 직원에게 그냥 '고마워요.' 대신에 '이렇게 친절하게 챙겨

줘서 고마워요. 오늘 하루 기분이 좋을 것 같네요.'

시인이나 사진사가 쉽게 지나치는 들꽃에 시선을 주어 놀라운 작품으로 변신시키듯, 우리들도 순간순간 작은 것, 사소한 것에 더 따뜻하고 진정한 마음을 주는 연습을 하면 어떨까요?

깨달음에 좋은 방법

통찰, 깨달음은 사람을 변화시키는 큰 동기가 됩니다. 일상에서 깨달음을 얻을 기회는 많습니다. 스승(친구, 지인), 독서, 경험, 자연, 여행, 종교생활(기도와 수련) 등등, 자신을 성장시키는 데 없어서는 안 될 필수 영양소인 셈이죠. 심리치료사 나다니엘 브랜든이 고안한 깨달음의 한 기법을 소개해 드립니다.

'미완성 문장 완성하기' 도 깨달음에 좋은 방법 중 하나입니다. 다음 규칙에 따라 아래 미완성 문장을 완성하시면 보다 많은 깨달음을 선물로 받으실 겁니다. 규칙으로는 ① 각 질문에 최소 6개의 문장을 완성해 보십시오. 단 생각나는 대로 적으시면 됩니다. ② 완성된 문장을 여러 번 읽어보고 뭔가 깨달음이 있는지 생각해 보십시오. 만약 큰 깨달음이 느껴지지 않으면 몇 개의 문장을 숙고해서 다시 완성해보십시오. ③ 이제 깨달은 점이 있으면 그 행동을 오늘부터 실천으로 옮기면 됩니다. 행복은 규칙적인 실천에서 옵니다.

다음의 질문에 각자 6개 이상의 답을 작성해보십시오. 한꺼번에 할 수도 있으나 한 번에 한두 문장씩 할 수도 있습니다. 가족끼리, 친구끼리 향기로운 커피나 차를 마시며 작성한 후 함께 나누어 보는 것도 또 다른 깨달음을 덤으로 받으실 수 있습니다. 제게 답을 주시는 위트도 좋습니다.

5% 더 행복하게 살기 위해서는…….

만약 이 순간부터 행복해지겠다고 마음먹는다면…….

내가……을(를) 알았다면…….

만약 내가 5% 더 성실한 생활을 한다면…….

나를 행복하게 해주는 것은…….

아침의 행복 편지 182

스트레스 관리

몇 해 전 지붕 위에 연일 내린 폭설로 붕괴사고가 일어나 아까운 청춘을 앗아간 사건이 있었습니다. 눈의 무게가 대체 얼마나 되기에 그렇게 큰 사고로 이어지는지 참 의아했습니다.

사실 내리는 눈을 손바닥에 소복하게 받아든다면 그 무게는 그리 중요하지 않겠지요. 중요한 것은 그 눈을 얼마나 오래 들고 있을 수 있느냐는 것임을 알았습니다. 2~3분 정도 들고 있는 것은 문제가 안 되겠지요. 누구나 들고 있을 수 있습니다. 하지만 1~2시간 이상을 들고 있게 되면 팔이 아프기 시작하면서 점점 견디기 어려워질 것입니다. 아무리 가벼운 것도 오랫동안 들고 있으면 감당하기 어려운 고통으로 다가옵니다.

저는 며칠째 가라앉지 않는 잇몸 통증으로 힘겨운 나날을 보내고 있습니다. 치통처럼 기분 나쁘고 시도 때도 없이 찾아오는 욱신거림은 참으로 견디기 어렵습니다. 오래 전 불면증으로 수면이 부족하여 하루 종일 '띵한' 두통이 연일 계속되어 느끼던 만성적 고통에 버금가는 것 같습니다. 마치 지진이 일어난 뒤 폐허를 보고 느끼는 것과 같이 필경 제 잇몸에 큰 지진이 일어난 것 같습니다.

아무리 사소한 피로도, 한두 번의 무리가 누적되면 큰 탈이 나게 마련인가 봅니다. 스트레스도 마찬가지겠지요. 우리는 일상에서 늘 스트레스를 받으며 살아갑니다. 그런데 이것을 그때그때 풀지 않고 방치한다면 나중에는 도저히 감당하기 어려운 지경에 이르게 되겠지요. 그 상태가 되기 전에 미리미리 스트레스를 해결하는 지혜가 필요하나 봅니다.

피곤하면 일단 하던 일을 내려놓고 푹 쉬는 것 말입니다. 축적된 에너지가 나중에 큰 지진을 일으키듯 사전에 예방할 수 있으면 무언가 해야겠지요. 저는 그렇게 좋아하던(?) 술을 절주가 아니라 금주를 하기로 선언했습니다. 지진으로 제 몸이 받을 충격을 이제야 나이와 함께 깨닫게 되었기 때문입니다. 술잔이 그립겠지만 헤어지기로 했습니다. 글쎄요! 집에 남은 포도주와 제사 후 마시는 '음복' 만은 예외로 하구요. 쉬엄쉬엄 행복한 하루 만드세요.

아침의 행복 편지 183 **이타심**

지하철이나 버스에서 만나는 무수한 사람들의 모습을 눈여겨보신 적이 있으신가요? 오늘일랑 관찰자의 입장으로 다른 분들의 표정과 말, 태도 그리고 행동 등을 눈여겨보시지요. 며칠 전 이야기입니다.

영등포역에서 출구로 나오려면 기차에서 하차한 후 계단이나 에스컬레이터를 사용하지요. 그런데 플랫폼 맨 위쪽에는 눈에 잘 띄지 않지만 노약자를 위해 설치된 엘리베이터가 있습니다. 어느 날 저도 짐이 있어서 엘리베이터를 타기 위해 기다리던 터였습니다. 70대 후반으로 보이는 할머니와 저 그리고 30대 초반의 미모를 갖춘 여인 셋이서 기다리고 있었습니다.

할머니께서는 저를 한번 힐끔 쳐다보시더니 바로 젊은 여인을 보며 7호선 지하철을 타려면 어디로 어떻게 가냐고 물으셨습니다. 헌데 5초쯤 흘렀을까요? 그 여인은 아무런 응답 없이 차가운 얼굴로 벽만을 바라보고 있었습니다. 제가 오히려 민망했습니다. 엘리베이터에 탄 세 명이 지탱해야 할 침묵의 시간은 너무도 길고 싸했습니다. 그 여인도 대학입시를 위해 숱한 시간 공부를 했을 텐데… 그렇게 이뻐야 무슨 의미가 있을까….

타인을 돕고, 타인의 이익을 기뻐하는 마음! 이타심입니다. 이타심은 친절, 아량, 사랑하는 능력과도 매우 밀접한 관련이 있지요. 우리가 요즈음 소통과 공감에 대한 이야기를 자주 합니다. 사람들과의 모든 관계에서 너무 중요한 덕목이기도 합니다.

공감능력은 특히 친절과 짝을 이룰 때 더 커질 수 있습니다. 친절은 공감의 엔진인 셈이지요. 우리가 공감을 중요하게 이야기하면서도 중요한 것을 놓치고 있는 것이 바로 친절입니다. 친절은 상대에 대한 배려심을 자극하고, 타인을 쉽게 받아들이게 하며 상대방도 친절한 사람을 더 기꺼이 받아들이는 선순환 구조를 이룹니다.

돌아가신 어머니를 생각하면서 지하철 입구까지 할머니의 짐을 들어드리고 지하철 역무원에게 안내를 부탁드리고 돌아서는 제 마음이 편치만은 않았습니다. 이 시대 우리가 회복해야 할 덕목 중 하나가 '친절'로서 어려서부터 몸에 익히는 일이 아닐까 생각해봅니다. 더불어 제 딸은 그러지 않기를 마음 깊이 기원했습니다.

남을 위한 선행이 단순한 쾌락 추구 보다 훨씬 지속적인 행복을 안겨줍니다.

아침의 행복 편지 184 잠잠함

물이 잠잠하게 하라
그대 존재 속에 비친 별과 달이 보일 것이다.
- 루미

지난밤에는 모기 한 마리 때문에 잠을 설쳤습니다. 가운데 발가락을 물려 얼마나 가렵던지 깊은 잠을 이룰 수가 없었습니다. 모기 한 마리로 제 생활 리듬을 잃은 셈이지요.

잔잔한 호수 위로 멋진 주위 풍경이 그대로 반사된 모습을 보신 적 있으시죠? 가끔은 그런 풍경을 담은 사진들도 종종 볼 수 있습니다. 만일 바람이 불어 호수 표면이 일렁이면 좀처럼 그런 풍경을 볼 수가 없을 것입니다.

우리는 일상에서 겪는 크고 작은 사건이나 상황에 압도되어 내면의 소리를 듣지 못하거나 삶의 지향점을 잊어버리며 사는 것 같습니다.

가끔은 마음을 잠잠하게 하여 내 안에 이미 있었던 선한 의지, 소망, 꿈, 사랑 등의 소리에 귀 기울일 필요가 있습니다. 이번 주와 다음 주, 본격적인 휴가철이 다가왔습니다. 비 소리, 파도 소리, 새 소리, 풀잎 향기, 바다 향기는 우리 내면의 소리들과 맞닿아 춤추려는 '마중물' 들입니다.

가족들, 친구들과 오붓한 휴가로 삶의 활력을 되찾는 귀한 시간을 보내시길 기원합니다.

행복포터 김항중의

365 아침행복편지 (봄 여름)

펴낸날 2016년 2월 28일
지은이 김항중
펴낸이 윤영진
편 집 함순례

펴낸곳 도서출판 심지
등록번호 제253호
주소 대전시 동구 대전로 867번길 46 (4층)
전화 042) 635-9942 팩스 635-9941

ISBN 978-89-6627-126-9 03810

값 16,000원